Dolços d'autor

Receptes de pastissos creatius per sorprendre als teus convidats

Carme Fontanet

Taula de continguts

Esmalt esmaltat 13
Glaçat de cafè 13
Glaçat de llimona 14
Glaçat de taronja 14
Glaçat de rom 15
Glaçat de vainilla 15
Glaçat de xocolata bullida 16
Topping de coco de xocolata 16
Topping de caramel 17
Cobertura de formatge crema dolça 17
Esmalt de vellut americà 18
Glaçat de mantega 18
Glaçat de caramel 19
Glaçat de llimona 19
Glaçat de crema de mantega de cafè 20
Lady Baltimore Frosting 21
Esmalt blanc 22
Esmalt blanc cremós 22
Glaçat blanc esponjós 23
Glaçada marró 24
Glaçat de crema de mantega de vainilla 25
Crema de vainilla 26
Farcit de natilla 27
Farcit de natilla danesa 28

Farcit de flam danès ric 29

Pastisseria de crema 30

Farcit de crema de gingebre 31

Farcit de llimona 32

cobertura de xocolata 33

Glaçat de pastís de fruites 34

Glaçat de pastís de fruites de taronja 34

Quadrats de merenga d'ametlla 35

L'àngel cau 36

Llesques d'ametlla 37

Pastissos Bakewell 38

Pastissos de papallona de xocolata 39

Pastissos de coco 40

Magdalenes dolces 41

Pastissos de punts de cafè 42

Pastissos Eccles 43

Pastissos de fades 44

Pastissos de fades amb gelat de plomes 45

Fantasies genoveses 46

Macarrons d'ametlla 47

macarrons de coco 48

Macarrons de llima 49

Galetes de civada 50

Pastissos de mantega francesa 51

Pastissos de massapà 52

magdalenes 53

Muffins de poma 54

Muffins de plàtan	55
Muffins de grosella negra	56
Muffins americans de nabius	57
Muffins de cireres	58
magdalenes de xocolata	59
Muffins amb trossos de xocolata	60
Muffins de canyella	61
Muffins de blat de moro	62
Muffins de figues de blat integral	63
Muffins de fruita i segó	64
Muffins de civada	65
Muffins de fruita de civada	66
Muffins de taronja	67
magdalenes de préssec	68
magdalenes de mantega de cacauet	69
Muffins de pinya	70
Muffins de gerds	71
Muffins de gerds i llimona	72
Muffins Sultana	73
Magdalenes de xarop	74
Magdalenes de xarop i civada	75
Torrades de civada	76
Truites d'esponja de maduixa	77
Pastissos de menta	78
Pastissos de panses	79
Rínxols de panses	80
Bollos de gerds	81

- Pastissos d'arròs integral i gira-sol ... 82
- Rocktails ... 83
- Pastissos de roca sense sucre ... 84
- Pastissos de safrà ... 85
- Rom Babàs ... 86
- Pastissos de bola d'esponja ... 88
- Bescuit de xocolata ... 89
- Boles de neu d'estiu ... 91
- Gotes d'esponja ... 92
- Merengues bàsiques ... 93
- Merengues d'ametlla ... 94
- Galetes espanyoles de merenga d'ametlla ... 95
- Cistelles de merengue boniques ... 96
- Xips d'ametlla ... 97
- Merengues espanyoles d'ametlla i llimona ... 98
- Merengues cobertes de xocolata ... 99
- Merengues de xocolata i menta ... 100
- Xips de xocolata i merengues de fruits secs ... 100
- Merengues d'avellana ... 101
- Pastís de capes de merengue amb fruits secs ... 102
- Pasta de Macarons d'Avellana ... 104
- Capa de merenga i nous ... 105
- Muntanyes merengues ... 107
- Crema de gerds merengues ... 108
- Pastissos de ratafia ... 109
- Caramel Vacherin ... 110
- Scones senzills ... 111

Scones d'ou rics 112

bollos de poma 113

Scones de poma i coco 114

Scones de poma i dàtils 115

Scones d'ordi 116

Scones de dates 117

Scones picants 118

Anell Honey Scone 119

Scones de Granola 120

Scones de taronja i panses 121

Scones de pera 122

bollos de patata 123

Scones de panses 124

Scones de xarop 125

Scones de xarop i gingebre 126

Sultana Scones 127

Scones de xarop de blat integral 128

Scones de iogurt 129

Scones de formatge 130

Scones integrals a base d'herbes 131

Scones de salami i formatge 132

Scones integrals 133

Conkies de Barbados 134

Galetes de Nadal fregides 135

Pastissos de blat de moro 136

crumpets 137

Donuts 138

Donuts de patata 139

Pa de naan 140

Bannocks de civada 141

Piquets 142

Easy Drop Scones 143

Scones de gota d'auró 144

Safata de forn Scones 145

Scones a la planxa amb formatge 146

Pancakes escocesos especials 147

Creps escoceses de fruites 148

Pancakes escocesos taronja 149

Cantant Hinny 150

Pastís gal·lesos 151

Pancakes gal·lesos 152

Pa de blat de moro especiat mexicà 153

Pa pla suec 154

Pa de sègol i blat de moro al vapor 155

Pa de blat de moro al vapor 156

Xapatis de blat integral 157

Puris de blat integral 158

galetes d'ametlla 159

Rínxols d'ametlla 160

anells d'ametlla 161

Esquerdes d'ametlla mediterrànies 162

Galetes d'ametlla i xocolata 163

Galetes de fruita amish i fruits secs 164

Galetes d'anís 165

Galetes de plàtan, civada i suc de taronja 166
Cookies bàsiques 167
Galetes de segó cruixents...168
Galetes de segó de sèsam 169
Galetes de brandi amb comí..170
Brandy Snaps 171
Galetes de mantega 172
Galetes de mantega 173
Galetes de caramel 174
Galetes de pastanaga i nous 175
Galetes de pastanaga i nous amb gelat de taronja 176
Galetes de cireres 178
Anells de cirera i ametlla 179
Galetes de mantega de xocolata 180
Bollos de xocolata i cireres 181
Galetes amb trossets de xocolata 182
Galetes de xocolata i plàtan 183
Aperitius de xocolata i fruits secs 184
Galetes americanes amb xips de xocolata 185
Cremes de xocolata 186
galetes de xocolata i avellanes 187
Galetes amb xocolata i nou moscada..188
Galetes amb cobertura de xocolata 189
Galetes d'entrepà amb cafè i xocolata 190
Galetes de Nadal...192
Galetes de coco 193
Pastissos de blat de moro amb crema de fruites 194

Galetes còrniques 195
Galetes integrals de grosella 196
Galetes d'entrepà de dates 197
Galetes digestives (galetes Graham) 198
Galetes de Pasqua 199
florentins 200
Florentins de xocolata 201
Xocolata de luxe florentina 202
Galetes de fruita seca 203
Galetes de gelat alemany 204
gingebres 205
Galetes de gingebre 206
Homes de pa de pessic 207
Galetes integrals de pa de pessic 208
Pastissos de gingebre i arròs 209
Galetes daurades 210
Galetes d'avellana 211
Galetes cruixents d'avellana 212
Galetes d'avellana i ametlla 213
galetes de mel 214
Ratafias de mel 215
Galetes de mel i mantega 216
Galetes de mantega de llimona 217
galetes de llimona 218
Moments de fusió 219
Galetes de muesli 220

Esmalt esmaltat

Fa prou per cobrir un pastís de vuit polzades

100 g de sucre llustre (pastisser), tamisat

25–30 ml/1½–2 cullerades d'aigua

Unes gotes de colorant alimentari (opcional)

Poseu el sucre en un bol i remeneu l'aigua a poc a poc fins que la cobertura quedi llisa. Si ho desitja, coloreu amb unes gotes de colorant alimentari. La cobertura es torna opaca quan s'estén sobre pastissos freds o transparent quan s'estén sobre pastissos calents.

Glaçat de cafè

Fa prou per cobrir un pastís de vuit polzades

100 g de sucre llustre (pastisser), tamisat

25–30 ml/1½–2 cullerades de cafè negre molt fort

Posar el sucre en un bol i anar incorporant el cafè a poc a poc fins que la cobertura quedi llisa.

Glaçat de llimona

Fa prou per cobrir un pastís de vuit polzades

100 g de sucre llustre (pastisser), tamisat

25–30 ml/1½–2 cullerades de suc de llimona

Ratlladura d'1 llimona ben ratllada

Poseu el sucre en un bol i barregeu-hi el suc de llimona i la ratlladura a poc a poc fins que l'esmalt estigui suau.

Glaçat de taronja

Fa prou per cobrir un pastís de vuit polzades

100 g de sucre llustre (pastisser), tamisat

25–30 ml/1½–2 cullerades de suc de taronja

Ralladura d'1 taronja ben ratllada

Poseu el sucre en un bol i barregeu-hi el suc de taronja i peleu-ho a poc a poc fins que l'esmalt sigui suau.

Glaçat de rom

Fa prou per cobrir un pastís de vuit polzades

100 g de sucre llustre (pastisser), tamisat

25–30 ml/1½–2 cullerades de rom

Col·loqueu el sucre en un bol i afegiu-hi el rom a poc a poc fins que l'esmalt sigui suau.

Glaçat de vainilla

Fa prou per cobrir un pastís de vuit polzades

100 g de sucre llustre (pastisser), tamisat

25 ml/1½ cullerades d'aigua

Unes gotes d'essència de vainilla (extracte)

Poseu el sucre en un bol i barregeu l'aigua i l'essència de vainilla a poc a poc fins que la cobertura quedi llisa.

Glaçat de xocolata bullida

Fa prou per cobrir un pastís de 9"/23 cm

275 g/10 oz/1¼ tasses (superfi) de sucre llustre

100 g/4 oz/1 tassa de xocolata negra (semidolça).

50 g/2 oz/¼ tassa de cacau en pols (xocolata sense sucre)

120 ml/4 fl oz/½ tassa d'aigua

Porteu tots els ingredients a ebullició, remenant fins que estiguin ben barrejats. Coure a foc mitjà a 108 °C/220 °F o quan es formi una corda llarga quan s'estira entre dues culleradetes. Aboqueu-ho en un bol ample i bateu-ho fins que quedi gruixut i brillant.

Topping de coco de xocolata

Fa prou per cobrir un pastís de 9"/23 cm

175 g/6 oz/1½ tasses de xocolata negra (semidolça).

90 ml/6 cullerades d'aigua bullint

225 g/8 oz/2 tasses de coco sec (rallat).

Tritureu la xocolata i l'aigua en una batedora o processador d'aliments, després afegiu-hi el coco i tritureu fins que quedi suau. Espolvoreu-hi pastissos senzills mentre encara estiguin calents.

Topping de caramel

Fa prou per cobrir un pastís de 9"/23 cm

50 g/2 oz/¼ tassa de mantega o margarina

45 ml/3 cullerades de cacau en pols (xocolata sense sucre)

60 ml / 4 cullerades de llet

425 g / 15 oz / 2½ tasses de sucre en pols (refiteria), tamisat

5 ml/1 culleradeta d'essència de vainilla (extracte)

Desfeu la mantega o la margarina en una cassola petita i afegiu-hi el cacau i la llet. Porteu a ebullició, remenant constantment, després retireu-ho del foc. Incorporeu a poc a poc el sucre i l'essència de vainilla i bateu fins que quedi homogeni.

Cobertura de formatge crema dolça

Fa prou per cobrir un pastís de 30 cm/12 polzades

100 g/4 oz/½ tassa de formatge crema

25 g/2 cullerades de mantega o margarina, suavitzada

350 g/12 oz/2 tasses de sucre llustre (refiteria), tamisat

5 ml/1 culleradeta d'essència de vainilla (extracte)

30 ml/2 cullerades de mel clara (opcional)

Bateu el formatge cremós i la mantega o la margarina fins que quedi lleuger i esponjós. Afegiu gradualment el sucre i l'essència de vainilla fins que quedi suau. Endolcir amb una mica de mel si ho desitja.

Esmalt de vellut americà

Fa prou per cobrir dos pastissos de 23 cm/9

175 g/6 oz/1½ tasses de xocolata negra (semidolça).

120 ml/4 fl oz/½ tassa de crema agra (lactia).

5 ml/1 culleradeta d'essència de vainilla (extracte)

Un polsim de sal

400 g/14 oz/21/3 tasses de sucre llustre (refiteria), tamisada

Desfeu la xocolata en un bol resistent a la calor sobre una cassola amb aigua a foc lent. Retirar del foc i remenar la nata, l'essència de vainilla i la sal. Afegiu-hi el sucre a poc a poc fins que quedi suau.

Glaçat de mantega

Fa prou per cobrir un pastís de 9"/23 cm

50 g/2 oz/¼ tassa de mantega o margarina, suavitzada

250 g/9 oz/1½ tasses de sucre llustre (refiteria), tamisat

5 ml/1 culleradeta d'essència de vainilla (extracte)

30 ml/2 cullerades de nata (lleugera).

Bateu la mantega o la margarina fins que quedi suau i, a continuació, barregeu-hi el sucre, l'essència de vainilla i la nata fins que quedi suau i cremós.

Glaçat de caramel

Fa prou per omplir i cobrir un pastís de 23 cm/9 polzades

100 g/4 oz/½ tassa de mantega o margarina

225 g/8 oz/1 tassa de sucre moreno suau

60 ml / 4 cullerades de llet

350 g/12 oz/2 tasses de sucre llustre (refiteria), tamisat

Fondre la mantega o la margarina i el sucre a foc lent, sense parar de remenar fins que quedi barrejat. Incorporeu-hi la llet i deixeu-ho bullir. Retirar del foc i deixar refredar. Batem el sucre llustre fins que tinguis una consistència cremosa.

Glaçat de llimona

Fa prou per cobrir un pastís de 9"/23 cm

25 g/2 cullerades de mantega o margarina

5 ml/1 culleradeta de ratlladura de llimona ratllada

30 ml/2 cullerades de suc de llimona

250 g/9 oz/1½ tasses de sucre llustre (refiteria), tamisat

Bateu la mantega o la margarina i la ratlladura de llimona fins que quedi lleugera i esponjosa. Batre a poc a poc el suc de llimona i el sucre fins que quedi suau.

Glaçat de crema de mantega de cafè

Fa prou per omplir i cobrir un pastís de 23 cm/9 polzades

1 clara d'ou

75 g/3 oz/1/3 tassa de mantega o margarina, suavitzada

30 ml/2 cullerades de llet tèbia

5 ml/1 culleradeta d'essència de vainilla (extracte)

15 ml/1 cullerada de grànuls de cafè instantani

Un polsim de sal

350 g/12 oz/2 tasses de sucre llustre (refiteria), tamisat

Barrejar la clara d'ou, la mantega o la margarina, la llet calenta, l'essència de vainilla, el cafè i la sal. Incorporeu el sucre en pols a poc a poc fins que quedi suau.

Lady Baltimore Frosting

Fa prou per omplir i cobrir un pastís de 23 cm/9 polzades

50 g/2 oz/1/3 tassa de panses, picades

50 g/2 oz/¼ tassa de cireres glaçades (confitades), picades

50 g/2 oz/½ tassa de pacanes, picades

25 g/3 cullerades de figues seques, picades

2 clares d'ou

350 g/12 oz/1½ tasses (superfi) de sucre llustre

Un polsim de crema tàrtara

75 ml/5 cullerades d'aigua freda

Un polsim de sal

5 ml/1 culleradeta d'essència de vainilla (extracte)

Remeneu les panses, les cireres, els fruits secs i les figues. Bateu les clares d'ou, el sucre, la crema de tàrtar, l'aigua i la sal en un bol resistent a la calor posat sobre una cassola amb aigua a foc lent durant uns 5 minuts fins que es formin pics rígids. Retirar del foc i batre amb essència de vainilla. Barregeu la fruita en un terç del gelat i utilitzeu-lo per omplir el pastís, després dividiu la resta per la part superior i els costats del pastís.

Esmalt blanc

Fa prou per cobrir un pastís de 9"/23 cm

225 g/8 oz/1 tassa de sucre granulat

1 clara d'ou

30 ml/2 cullerades d'aigua

15 ml/1 cullerada de xarop daurat (blat de moro clar).

Bat el sucre, la clara d'ou i l'aigua en un bol resistent a la calor posat sobre una cassola amb aigua a foc lent. Continueu batent fins a 10 minuts fins que la barreja espesseixi i formi pics rígids. Retirar del foc i afegir l'almívar. Continueu batent fins que tingui una consistència cremosa.

Esmalt blanc cremós

Fa prou per omplir i cobrir un pastís de 23 cm/9 polzades

75 ml/5 cullerades de nata simple (lleugera).

5 ml/1 culleradeta d'essència de vainilla (extracte)

75 g/3 oz/1/3 tassa de formatge crema

10 ml/2 culleradeta de mantega o margarina, suavitzada

Un polsim de sal

350 g/12 oz/2 tasses de sucre llustre (refiteria), tamisat

Barregeu la nata, l'essència de vainilla, el formatge cremós, la mantega o la margarina i la sal fins que quedi homogeni. Anem incorporant el sucre llustre a poc a poc fins que quedi homogeni.

Glaçat blanc esponjós

Fa prou per omplir i cobrir un pastís de 23 cm/9 polzades

2 clares d'ou

350 g/12 oz/1½ tasses (superfi) de sucre llustre

Un polsim de crema tàrtara

75 ml/5 cullerades d'aigua freda

Un polsim de sal

5 ml/1 culleradeta d'essència de vainilla (extracte)

Batem les clares d'ou, el sucre, la crema de tàrtar, l'aigua i la sal en un bol resistent a la calor posat sobre una paella amb aigua a foc lent durant uns 5 minuts fins que es formin pics rígids. Retirar del foc i batre amb essència de vainilla. Feu servir per enganxar el pastís i dividir la resta per la part superior i els costats del pastís.

Glaçada marró

Fa prou per cobrir un pastís de 9"/23 cm

225 g/8 oz/1 tassa de sucre moreno suau

1 clara d'ou

30 ml/2 cullerades d'aigua

5 ml/1 culleradeta d'essència de vainilla (extracte)

Bat el sucre, la clara d'ou i l'aigua en un bol resistent a la calor posat sobre una cassola amb aigua a foc lent. Continueu batent fins a 10 minuts fins que la barreja espesseixi i formi pics rígids. Retirar del foc i afegir l'essència de vainilla. Continueu batent fins que tingui una consistència cremosa.

Glaçat de crema de mantega de vainilla

Fa prou per omplir i cobrir un pastís de 23 cm/9 polzades

1 clara d'ou

75 g/3 oz/1/3 tassa de mantega o margarina, suavitzada

30 ml/2 cullerades de llet tèbia

5 ml/1 culleradeta d'essència de vainilla (extracte)

Un polsim de sal

350 g/12 oz/2 tasses de sucre llustre (refiteria), tamisat

Barrejar la clara d'ou, la mantega o la margarina, la llet calenta, l'essència de vainilla i la sal. Incorporeu el sucre en pols a poc a poc fins que quedi suau.

Crema de vainilla

Per a 600 ml/1 pt/2½ tasses

100 g/4 oz/½ tassa de sucre (superfí).

50 g/2 oz/¼ tassa de farina de blat de moro (farina de blat de moro)

4 rovells d'ou

600 ml/1 pt/2½ tasses de llet

1 beina de vainilla (mongeta)

Sucre en pols (refiteria), tamisat, per espolvorear

Bateu la meitat del sucre amb la maizena i els rovells d'ou fins que quedi ben barrejat. Porta a ebullició la resta de sucre i la llet amb la beina de vainilla. Batre la barreja de sucre a la llet calenta, després tornar a bullir, remenant constantment, i coure durant 3 minuts fins que espesseixi. Abocar en un bol, espolvorear amb sucre llustre per evitar que es formi pell i deixar refredar. Batre de nou abans d'utilitzar.

Farcit de natilla

Fa prou per omplir un pastís de 23 cm/9 polzades

325 ml/11 fl oz/11/3 tasses de llet

45 ml/3 cullerades de farina de blat de moro (farina de blat de moro)

60 g/2½ oz/1/3 tassa de sucre (superfí).

1 ou

15 ml/1 cullerada de mantega o margarina

5 ml/1 culleradeta d'essència de vainilla (extracte)

Barrejar 30 ml/2 cullerades de llet amb la farina de blat de moro, el sucre i l'ou. Porta la llet restant just per sota del punt d'ebullició en una cassola. Remeneu a poc a poc la llet calenta a la barreja d'ou. Esbandiu la paella, torneu la barreja a la paella i remeneu-ho a foc lent fins que espesseixi. Incorporeu-hi la mantega o la margarina i l'essència de vainilla. Cobrir amb paper encerat amb mantega i deixar refredar.

Farcit de natilla danesa

Fa 750 ml/1¼ pts/3 tasses

2 ous

50 g/2 oz/¼ tassa de sucre llustre (superfi).

50 g/2 oz/½ tassa de farina normal (tot ús)

600 ml/1 pt/2½ tasses de llet

¼ beina de vainilla (mongeta)

Bateu els ous i el sucre junts en una massa espessa. A poc a poc treballarem la farina. Porta a ebullició la llet i la beina de vainilla. Traieu la beina de vainilla i remeneu la llet a la barreja d'ou. Torneu a la cassola i deixeu-ho coure a foc lent durant 2-3 minuts, remenant constantment. Deixar refredar abans d'utilitzar.

Farcit de flam danès ric

Fa 750 ml/1¼ pts/3 tasses

4 rovells d'ou

30 ml/2 cullerades de sucre granulat

25 ml / 1½ culleradeta de farina (tot ús)

10 ml/2 culleradetes de farina de patata

450 ml/¾ pt/2 tasses de nata (lleugera).

Unes gotes d'essència de vainilla (extracte)

150 ml/¼ pt/2/3 tassa de nata doble (pesada), nata muntada

Barregeu els rovells d'ou, el sucre, la farina i la nata en una cassola. Batre a foc mitjà fins que la barreja comenci a espessir. Afegiu l'essència de vainilla i deixeu refredar. Incorporeu la nata muntada.

Pastisseria de crema

Fa 300 ml/½ pt/1¼ tasses

2 ous, separats

45 ml/3 cullerades de farina de blat de moro (farina de blat de moro)

300 ml/½ pt/1¼ tasses de llet

Unes gotes d'essència de vainilla (extracte)

50 g/2 oz/¼ tassa de sucre llustre (superfi).

Barregeu els rovells d'ou, la maizena i la llet en una cassola petita fins que estiguin ben barrejats. Porteu a ebullició a foc mitjà i deixeu-ho coure a foc lent durant 2 minuts, remenant constantment. Incorporeu-hi l'essència de vainilla i deixeu-ho refredar.

Bateu les clares a punt de neu, després afegiu-hi la meitat del sucre i torneu a batre fins que es formin pics rígids. Incorporeu-hi la resta del sucre. Incorporeu-hi la barreja de nata i deixeu-ho refredar fins que estigui llest per utilitzar.

Farcit de crema de gingebre

Fa prou per omplir un pastís de 23 cm/9 polzades

100 g/4 oz/½ tassa de mantega o margarina, suavitzada

450 g/1 lb/22/3 tasses de sucre en pols (refiteria), tamisat

5 ml/1 cullleradeta de gingebre en pols

30 ml/2 cullerades de llet

75 g/3 oz/¼ tassa de melassa negra (melassa)

Bateu la mantega o la margarina amb el sucre i el gingebre fins que estigui lleuger i cremós. Afegiu gradualment la llet i l'almívar fins que estigui suau i untable. Si el farcit és massa prim, afegiu-hi una mica més de sucre.

Farcit de llimona

Fa 250 ml/8 fl oz/1 tassa

100 g/4 oz/½ tassa de sucre (superfí).

30 ml/2 cullerades de farina de blat de moro (farina de blat de moro)

60 ml/4 cullerades de suc de llimona

15 ml/1 cullerada de ratlladura de llimona ratllada

120 ml/4 fl oz/½ tassa d'aigua

Un polsim de sal

15 ml/1 cullerada de mantega o margarina

Combina tots els ingredients excepte la mantega o la margarina en una cassola petita a foc lent i remena suaument fins que quedi ben barrejat. Portar a ebullició i coure durant 1 minut. Incorporeu-hi la mantega o la margarina i deixeu-ho refredar. Refredar abans d'utilitzar.

cobertura de xocolata

Fa prou per esmaltar un pastís de 10"/25 cm

50 g/2 oz/½ tassa de xocolata negra (semidolça), picada

50 g/2 oz/¼ tassa de mantega o margarina

2,5 ml/½ culleradeta d'essència de vainilla (extracte)

75 ml/5 cullerades d'aigua bullint

350 g/12 oz/2 tasses de sucre llustre (refiteria), tamisat

Barregeu tots els ingredients en una batedora o processador d'aliments fins que quedi suau, empenyent els ingredients cap avall si cal. Feu servir alhora.

Glaçat de pastís de fruites

Fa prou per esmaltar un pastís de 10"/25 cm

75 ml/5 cullerades de xarop daurat (blat de moro clar).

60 ml/4 cullerades de suc de pinya o taronja

Combineu l'almívar i el suc en una cassola petita i deixeu-ho bullir. Retirar del foc i pinzellar la barreja per sobre i els costats del pastís refredat. Posem-nos. Torneu a bullir l'esmalt i cobreixi el pastís amb una segona capa.

Glaçat de pastís de fruites de taronja

Fa prou per esmaltar un pastís de 10"/25 cm

50 g/2 oz/¼ tassa de sucre llustre (superfi).

30 ml/2 cullerades de suc de taronja

10 ml/2 cullerades de pell de taronja ratllada

Combineu els ingredients en una cassola petita i deixeu-ho bullir, remenant constantment. Retirar del foc i pinzellar la barreja per sobre i els costats del pastís refredat. Posem-nos. Torneu a bullir l'esmalt i cobreixi el pastís amb una segona capa.

Quadrats de merenga d'ametlla

Fa 12

225 g de pasta brisa

60 ml/4 cullerades de melmelada de gerds (en conserva)

2 clares d'ou

50 g/2 oz/½ tassa d'ametlla mòlta

100 g/4 oz/½ tassa de sucre (superfí).

Unes gotes d'essència d'ametlla (extracte)

25 g/1 oz/¼ tassa d'ametlles tallades (esqueixades).

Estireu la massa (pasta) i folreu una llauna suïssa de 30 x 20 cm/12 x 8 untada. Pintellar amb la melmelada. Batre les clares a punt de neu i després incorporar amb cura l'ametlla mòlta, el sucre i l'essència d'ametlla. Repartiu la melmelada per sobre i empolvoreu-ho amb les ametlles tallades. Coure al forn preescalfat a 180 °C/350 °F/gas marca 4 durant 45 minuts fins que estigui daurat i cruixent. Deixem refredar i tallem a quadrats.

L'àngel cau

Fa 24

50 g/2 oz/¼ tassa de mantega o margarina, suavitzada

50 g/2 oz/¼ tassa de llard de porc (escurçament)

100 g/4 oz/½ tassa de sucre (superfí).

1 ou petit, batut

Unes gotes d'essència de vainilla (extracte)

175 g/6 oz/1½ tasses de farina autolevant

45 ml / 3 cullerades de farina de civada

50 g/2 oz/¼ tassa de cireres glaçades (confitades), a la meitat

Bateu la mantega o la margarina, el llard i el sucre fins que quedi lleuger i esponjós. Batre l'ou i l'essència de vainilla, incorporar la farina i barrejar fins a obtenir una massa ferma. Trenqueu-les en boles petites i enrotlleu-les per la farina de civada. Col·loqueu-los ben separats sobre una safata de forn (galetes) untada amb greix i remeneu-los amb una cirera. Coure al forn preescalfat a 180 °C/350 °F/gas marca 4 durant 20 minuts fins que acabi de fixar-se. Deixeu refredar a la safata de forn.

Llesques d'ametlla

Fa 12

100 g/4 oz/½ tassa de mantega o margarina

225 g/8 oz/2 tasses de farina normal (tot ús)

5 ml/1 culleradeta de llevat en pols

50 g/2 oz/¼ tassa de sucre llustre (superfi).

1 ou, separat

75 ml/5 cullerades de melmelada de gerds (en conserva)

100 g de sucre llustre (pastisser), tamisat

100 g / 4 oz / 1 tassa d'ametlles tallades (esqueixades).

Frega la mantega o la margarina amb la farina i el llevat en pols fins que la barreja sembli pa ratllat. Incorporeu-hi el sucre, barregeu-hi el rovell d'ou i pasteu-lo en una massa ferma. Sobre una superfície lleugerament enfarinada, estireu-lo en una llauna suïssa de 30 x 20 cm (12 x 8 cm) untada. Premeu suaument a la paella i aixequeu lleugerament les vores de la massa per fer un llavi. Pintellar amb la melmelada. Bateu la clara d'ou fins que quedi rígida i després bateu-hi el sucre llustre a poc a poc. Repartiu la melmelada per sobre i empolvoreu amb les ametlles. Coure al forn preescalfat a 160 ° C / 325 ° F / marca de gas 3 durant 1 hora fins que estigui daurat i acabat de posar. Deixeu refredar a la llauna durant 5 minuts, talleu-los a dits i poseu-los sobre una reixeta perquè es refredi.

Pastissos Bakewell

Fa 24

Per a la pastisseria:

25 g/1 oz/2 cullerades de llard de porc (escurçament)

25 g/2 cullerades de mantega o margarina

100 g / 4 oz / 1 tassa de farina normal (tot ús)

Un polsim de sal

30 ml/2 cullerades d'aigua

45 ml/3 cullerades de melmelada de gerds (en conserva)

Per al farcit:

50 g/2 oz/¼ tassa de mantega o margarina, suavitzada

50 g/2 oz/¼ tassa de sucre llustre (superfi).

1 ou, lleugerament batut

25 g/1 oz/¼ tassa de farina autolevant (farina autolevant)

25 g/1 oz/¼ tassa d'ametlles mòltes

Unes gotes d'essència d'ametlla (extracte)

Per fer la massa (pasta), fregueu la llard i la mantega o la margarina amb la farina i la sal fins que la barreja sembli pa ratllat. Barregeu-hi prou aigua per fer una massa suau. Estireu una mica sobre una superfície lleugerament enfarinada, talleu-les en 7,5 cm/3 cercles i folreu les parts de dues llaunes de sandvitxos (pastissos). Ompliu de melmelada.

Per al farcit, remenem la mantega o la margarina i el sucre i afegim l'ou a poc a poc. Incorporeu-hi la farina, l'ametlla mòlta i l'essència d'ametlla. Aboqueu la barreja a les tartaletes i tanqueu les vores a la massa perquè la melmelada quedi completament coberta. Coure al forn preescalfat a 180 °C/350 °F/gas marca 4 durant 20 minuts fins que estigui daurat.

Pastissos de papallona de xocolata

Fa uns 12 pastissos

Per als pastissos:

100 g/4 oz/½ tassa de mantega o margarina, suavitzada

100 g/4 oz/½ tassa de sucre (superfí).

2 ous, lleugerament batuts

100 g / 4 oz / 1 tassa de farina autolevant

30 ml/2 cullerades de cacau en pols (xocolata sense sucre)

Un polsim de sal

30 ml/2 cullerades de llet freda

Per a la cobertura (glaçat):

50 g/2 oz/¼ tassa de mantega o margarina, suavitzada

100 g de sucre llustre (pastisser), tamisat

10 ml/2 culleradetes de llet tèbia

Per als pastissos, bateu la mantega o la margarina i el sucre fins que quedi pàl·lid i esponjós. A poc a poc anem incorporant els ous alternativament amb la farina, el cacau i la sal, i després afegim la llet perquè quedi una barreja homogènia. Col·loqueu-los en pastissos de paper (paper de cupcakes) o pastissos untats (llaunes) i coure-los al forn preescalfat a 190 °/375 °F / marca de gas 5 durant 15-20 minuts fins que estigui ben elevat i elàstic al tacte. Deixeu refredar. Talleu la part superior del pastís horitzontalment, després talleu la part superior per la meitat verticalment per fer les "ales" de papallona.

Per a la cobertura, bateu la mantega o la margarina fins que estiguin toves i, a continuació, doblegueu la meitat del sucre llustre. Batre la llet i després el sucre restant. Dividiu la barreja de cobertura sobre els pastissos i premeu les "ales" en diagonal a la part superior dels pastissos.

Pastissos de coco

Fa 12

100 g de pasta brisa

50 g/2 oz/¼ tassa de mantega o margarina, suavitzada

50 g/2 oz/¼ tassa de sucre llustre (superfí).

1 ou, batut

25 g/1 oz/2 cullerades de farina d'arròs

50 g/2 oz/½ tassa de coco sec (rallat).

1,5 ml/¼ culleradeta de llevat en pols

60 ml/4 cullerades de xocolata per untar

Estireu la massa (pasta) i feu servir-la per folrar les parts d'un motlle de pastís. Barregeu la mantega o la margarina i el sucre i bateu-hi l'ou i la farina d'arròs. Incorporeu-hi el coco i el llevat en pols. Col·loqueu una cullerada petita de xocolata unta al fons de cada motlle de pastís (closca de pastís). Aboqueu la barreja de coco per sobre i poseu-ho al forn preescalfat a 200 °C/400 °F/gas marca 6 durant 15 minuts fins que s'aixequi i estigui daurat.

Magdalenes dolces

Fa 15

100 g/4 oz/½ tassa de mantega o margarina, suavitzada

225 g/8 oz/1 tassa de sucre (superfi).

2 ous

5 ml/1 culleradeta d'essència de vainilla (extracte)

175 g/6 oz/1½ tasses de farina autolevant

5 ml/1 culleradeta de llevat en pols

Un polsim de sal

75 ml/5 cullerades de llet

Bateu la mantega o la margarina i el sucre fins que quedi lleugera i esponjosa. Afegiu a poc a poc els ous i l'essència de vainilla, batent bé després de cada incorporació. Incorporeu-hi la farina, el llevat i la sal alternativament amb la llet i bateu-ho bé. Col·loqueu la barreja en motlles de paper (paper de cupcake) i poseu-ho al forn preescalfat a 190 °C/375 °F/gas marca 5 durant 20 minuts, fins que una broqueta introduïda al centre surti net.

Pastissos de punts de cafè

Fa 12

Per als pastissos:

100 g/4 oz/½ tassa de mantega o margarina, suavitzada

100 g/4 oz/½ tassa de sucre (superfí).

2 ous, lleugerament batuts

100 g / 4 oz / 1 tassa de farina autolevant

10 ml/2 culleradetes d'essència de cafè (extracte)

Per a la cobertura (glaçat):

50 g/2 oz/¼ tassa de mantega o margarina, suavitzada

100 g de sucre llustre (pastisser), tamisat

Unes gotes d'essència de cafè (extracte)

100 g / 4 oz / 1 tassa de xips de xocolata

Per als pastissos, bateu la mantega o la margarina i el sucre fins que quedi lleugera i esponjosa. Batre els ous a poc a poc i després incorporar la farina i l'essència de cafè. Col·loqueu la barreja en motlles de paper (paper per cupcakes) col·locades en un motlle de forn (motlla de pastisseria) i coure al forn preescalfat a 180 °C/350 °F/Gas Mark 4 durant 20 minuts fins que estigui ben aixecat i elàstic al tacte. Deixeu refredar.

Per a la cobertura, batem la mantega o la margarina fins que estiguin toves i, a continuació, batem el sucre llustre i l'essència de cafè. Repartiu la part superior dels pastissos i decoreu amb les xips de xocolata.

Pastissos Eccles

Fa 16

50 g/2 oz/¼ tassa de mantega o margarina

50 g/2 oz/¼ tassa de sucre morena suau

225 g/8 oz/1 1/3 tasses de groselles

450 g/1 lb Pasta de full o pasta de full

Una mica de llet

45 ml/3 cullerades de sucre llustre (superfi).

Desfeu la mantega o la margarina i el sucre moreno a foc lent, remenant bé. Retirar del foc i remenar les groselles. Deixa refredar alguna cosa. Estireu la massa (pasta) sobre una superfície de treball enfarinada i talleu-la en 16 cercles. Dividiu la barreja de farciment entre els cercles, doblegueu les vores cap al centre i raspalleu amb aigua per segellar les vores. Doneu la volta als pastissos i enrotlleu-los lleugerament amb un corró per aplanar-los una mica. Talleu tres escletxes a la part superior de cadascuna, unteu-les amb llet i empolvoreu-les amb sucre. Col·locar en una safata de forn untada (galetes) i coure al forn preescalfat a 200 °C/400 °F/gas marca 6 durant 20 minuts fins que estigui daurat.

Pastissos de fades

Fa uns 12

100 g/4 oz/½ tassa de mantega o margarina, suavitzada

100 g/4 oz/½ tassa de sucre (superfi).

2 ous, lleugerament batuts

100 g / 4 oz / 1 tassa de farina autolevant

Un polsim de sal

30 ml/2 culleradetes de llet

Unes gotes d'essència de vainilla (extracte)

Bateu la mantega o la margarina i el sucre fins que quedi pàl·lid i esponjós. A poc a poc barregem els ous alternativament amb la farina i la sal, després afegim la llet i l'essència de vainilla per fer una mescla homogènia. Col·loqueu-los en pastissos de paper (paper de cupcakes) o pastissos untats (llaunes) i coure-los al forn preescalfat a 190 °C/375 °F/gas marca 5 durant 15-20 minuts fins que estiguin ben elevats i elàstics al tacte.

Pastissos de fades amb gelat de plomes

Fa 12

50 g/2 oz/¼ tassa de mantega o margarina, suavitzada

50 g/2 oz/¼ tassa de sucre llustre (superfi).

1 ou

50 g/2 oz/½ tassa de farina autolevant (farina autolevant)

100 g de sucre llustre (refiteria).

15 ml/1 cullerada d'aigua tèbia

Unes gotes de colorant alimentari

Bateu la mantega o la margarina i el sucre fins que quedi pàl·lid i esponjós. Batre l'ou a poc a poc i després incorporar la farina. Dividiu la barreja entre 12 estoigs de paper (embolcalls de cupcake) col·locats en formes de pa (pastissos). Coure al forn preescalfat a 160 ° C / 325 ° F / marca de gas 3 durant 15-20 minuts fins que estigui aixecat i elàstic al tacte. Deixeu refredar.

Barregeu el sucre llustre i l'aigua tèbia. Pinta un terç de la cobertura (glaça) amb el colorant alimentari que triïs. Repartiu la cobertura blanca sobre els pastissos. Col·loca la cobertura de colors en línies sobre el pastís, després dibuixa la punta d'un ganivet en angle recte amb les línies, primer en una direcció i després en l'altra, per crear un patró ondulat. Deixeu establir.

Fantasies genoveses

Fa 12

3 ous, lleugerament batuts

75 g/3 oz/1/3 tassa de sucre (superfí)

75 g/3 oz/¾ tassa de farina autolevant (farina autolevant)

Unes gotes d'essència de vainilla (extracte)

25 g/2 cullerades de mantega o margarina, fosa i refredada

60 ml/4 cullerades de melmelada d'albercoc (conservada), colada (escorreguda)

60 ml/4 cullerades d'aigua

225 g/8 oz/11/3 tasses de sucre en pols (refiteria), tamisat

Unes gotes de colorant alimentari rosa i blau (opcional)

Decoració de pastissos

Col·loqueu els ous i el sucre llustre en un bol resistent a la calor posat sobre una cassola amb aigua a foc lent. Batre fins que la barreja s'esgoti de la batedora en cintes. Incorporeu-hi la farina i l'essència de vainilla i afegiu-hi la mantega o la margarina. Aboqueu la barreja en un motlle suís de 30 x 20 cm (12 x 8) untat i coure al forn preescalfat a 190 °C/375 °F/gas marca 5 durant 30 minuts. Deixem refredar i després tallem en formes. Escalfeu la melmelada amb 30 ml/2 cullerades d'aigua i unteu-hi els pastissos.

Tamisar el sucre en pols en un bol. Si voleu fer la cobertura (glaça) de diferents colors, dividiu-la en bols separats i feu un pou al centre de cadascun. Afegiu-hi a poc a poc unes gotes de colorant alimentari i prou de l'aigua restant per barrejar-lo en un esmalt bastant rígid. Repartiu els pastissos i decoreu com vulgueu.

Macarrons d'ametlla

Fa 16

Paper d'arròs

100 g/4 oz/½ tassa de sucre (superfi).

50 g/2 oz/½ tassa d'ametlla mòlta

5 ml/1 culleradeta d'arròs mòlt

Unes gotes d'essència d'ametlla (extracte)

1 clara d'ou

8 ametlles blanquejades, tallades a la meitat

Folreu una safata de forn (galetes) amb paper d'arròs. Barregeu tots els ingredients, excepte les ametlles blanquejades, en una pasta ferma i bateu bé. Aboqueu cullerades de la barreja a la safata de forn (galetes) i poseu-hi mitja ametlla per sobre. Coure al forn preescalfat a 150 °C/325 °F/gas marca 3 durant 25 minuts. Deixeu refredar a la safata i després talleu-los o trenqueu-los al voltant per alliberar-los del paper d'arròs.

macarrons de coco

Fa 16

2 clares d'ou

150 g/5 oz/2/3 tassa (superfí) de sucre llustre

150 g/5 oz/1¼ tasses de coco sec (rallat).

Paper d'arròs

8 cireres glaçades (confitades), tallades a la meitat

Bateu les clares a punt. Bateu el sucre fins que la barreja formi pics rígids. Incorporeu el coco. Poseu el paper d'arròs en una safata de forn (galetes) i poseu cullerades de la barreja a la safata de forn. Poseu mitja cirera a cadascuna. Coure al forn preescalfat a 160 ° C / 325 ° F / marca de gas 3 durant 30 minuts fins que estigui cuit. Deixeu refredar sobre el paper d'arròs i després talleu-lo o trenqueu-lo per alliberar-lo de la làmina de paper d'arròs.

Macarrons de llima

Fa 12

100 g de pasta brisa

60 ml/4 cullerades de melmelada de llima

2 clares d'ou

50 g/2 oz/¼ tassa de sucre llustre (superfi).

25 g/1 oz/¼ tassa d'ametlles mòltes

10 ml/2 culleradeta d'arròs mòlt

5 ml/1 culleradeta d'aigua de flor de taronger

Estireu la massa (pasta) i feu servir-la per folrar les parts d'un motlle de pastís. Poseu una cullerada petita de melmelada a cada motlle (motlla). Bateu les clares a punt. Bateu el sucre fins que estigui rígid i brillant. Incorporeu les ametlles, l'arròs i l'aigua de flor de taronger. Col·loqueu-los als ramequins, cobrint completament la melmelada. Coure al forn preescalfat a 180 °C/350 °F/gas marca 4 durant 30 minuts fins que s'aixequi i estigui daurat.

Galetes de civada

Fa 24

175 g/6 oz/1½ tasses de farina de civada

175 g/6 oz/¾ tassa de sucre muscovado

120 ml/4 fl oz/½ tassa d'oli

1 ou

2,5 ml/½ culleradeta de sal

2,5 ml/½ culleradeta d'essència d'ametlla (extracte)

Barrejar la farina de civada, el sucre i l'oli i deixar reposar 1 hora. Batre l'ou, la sal i l'essència d'ametlla. Col·loqueu cullerades de la barreja en una safata de galetes untada (galetes) i poseu-les al forn preescalfat a 160 °C/325 °F/gas marca 3 durant 20 minuts fins que estiguin daurades.

Pastissos de mantega francesa

Fa 9

100 g/4 oz/½ tassa de mantega o margarina, suavitzada

100 g/4 oz/½ tassa de sucre (superfí).

2 ous, lleugerament batuts

100 g / 4 oz / 1 tassa de farina autolevant

175 g/6 oz/½ tassa de melmelada de maduixa o gerds (enllaunat)

60 ml/4 cullerades d'aigua

50 g/2 oz/½ tassa de coco sec (rallat).

5 cireres glaçades (confitades), tallades a la meitat

Bateu la mantega o la margarina fins que quedi lleugera i esponjosa, després bateu-hi el sucre fins que quedi lleugera i esponjosa. Batre els ous a poc a poc i després incorporar la farina. Col·loqueu en nou motlles de dariole (púding de castell) untats i col·loqueu-los en una safata per galetes (galetes). Coure al forn preescalfat a 190 °C/375 °F/gas marca 5 durant 20 minuts fins que estigui ben pujat i estigui daurat. Deixeu refredar als motlles durant 5 minuts i després passeu a una reixeta perquè es refredi.

Talleu la part superior de cada pastís per formar una base plana. Colar (colar) la melmelada i portar a ebullició amb l'aigua en una cassola petita, remenant fins que quedi ben barrejat. Escampeu el coco sobre un full gran de paper (cera). Introduïu una broqueta a la base del primer pastís, unteu-ho amb l'esmalt de melmelada i enrotlleu-hi el coco fins que estigui cobert. Col·locar en un plat de servir. Repetiu amb els altres pastissos. Decoreu amb cireres glaçades a la meitat.

Pastissos de massapà

Fa uns 12

450 g / 4 tasses d'ametlla mòlta

100 g de sucre llustre (pastisser), tamisat

100 g/4 oz/½ tassa de sucre (superfí).

30 ml/2 cullerades d'aigua

3 clares d'ou

                      Per a la cobertura (glaçat):

100 g de sucre llustre (pastisser), tamisat

1 clara d'ou

2,5 ml/½ culleradeta de vinagre

Barregeu tots els ingredients del pastís en una cassola i escalfeu suaument, remenant, fins que la pasta absorbeixi tot el líquid. Retirar del foc i deixar refredar. Sobre una superfície lleugerament enfarinada, estireu fins a 1 cm de gruix i talleu-les a tires de 3 cm. Talleu-los a trossos de 5 cm, poseu-los en una safata de forn untada i coure al forn preescalfat a 150 °C/300 °F/gas marca 2 durant 20 minuts fins que es dauri lleugerament per sobre. Deixeu refredar.

Per fer la cobertura, remeneu a poc a poc les clares i el vinagre al sucre llustre fins que quedeu una cobertura llisa i espessa. Ruixeu l'esmalt sobre els pastissos.

magdalenes

Fa 12

225 g/8 oz/2 tasses de farina normal (tot ús)

100 g/4 oz/½ tassa de sucre (superfi).

10 ml/2 culleradetes de llevat en pols

2,5 ml/½ culleradeta de sal

1 ou, lleugerament batut

250 ml/8 fl oz/1 tassa de llet

120 ml/4 fl oz/½ tassa d'oli

Barregeu la farina, el sucre, el llevat i la sal i feu un pou al centre. Barregeu els ingredients restants i remeneu-los amb els ingredients secs fins que s'acabi de combinar. No mescleu massa. Col·loqueu-los en motlles de magdalenes (paper) o en motlles de magdalenes (papels) untats amb greix i coure-ho al forn preescalfat a 200 °C/400 °F/gas marca 6 durant 20 minuts fins que estigui ben aixecat i elàstic al tacte.

Muffins de poma

Fa 12

225 g/8 oz/2 tasses de farina normal (tot ús)

100 g/4 oz/½ tassa de sucre (superfí).

10 ml/2 culleradetes de llevat en pols

2,5 ml/½ culleradeta de sal

1 ou, lleugerament batut

250 ml/8 fl oz/1 tassa de llet

120 ml/4 fl oz/½ tassa d'oli

2 pomes per menjar (de postres), pelades, pelades i tallades a trossos

Barregeu la farina, el sucre, el llevat i la sal i feu un pou al centre. Barregeu els ingredients restants i remeneu-los amb els ingredients secs fins que s'acabi de combinar. No mescleu massa. Col·loqueu-los en motlles de magdalenes (paper) o en motlles de magdalenes (papels) untats amb greix i coure-ho al forn preescalfat a 200 °C/400 °F/gas marca 6 durant 20 minuts fins que estigui ben aixecat i elàstic al tacte.

Muffins de plàtan

Fa 12

225 g/8 oz/2 tasses de farina normal (tot ús)

100 g/4 oz/½ tassa de sucre (superfí).

10 ml/2 culleradetes de llevat en pols

2,5 ml/½ culleradeta de sal

1 ou, lleugerament batut

250 ml/8 fl oz/1 tassa de llet

120 ml/4 fl oz/½ tassa d'oli

2 plàtans, triturats

Barregeu la farina, el sucre, el llevat i la sal i feu un pou al centre. Barregeu els ingredients restants i remeneu-los amb els ingredients secs fins que s'acabi de combinar. No mescleu massa. Col·loqueu-los en motlles de magdalenes (paper) o en motlles de magdalenes (papels) untats amb greix i coure-ho al forn preescalfat a 200 °C/400 °F/gas marca 6 durant 20 minuts fins que estigui ben aixecat i elàstic al tacte.

Muffins de grosella negra

Fa 12

225 g / 8 oz / 2 tasses de farina autolevant

75 g/3 oz/1/3 tassa de sucre (superfi).

2 clares d'ou

75 g de grosella negra

200 ml/7 fl oz/escaneja 1 tassa de llet

30 ml/2 cullerades d'oli

Barrejar la farina i el sucre junts. Bateu lleugerament les clares i barregeu-les amb els ingredients secs. Incorporeu-hi les groselles negres, la llet i l'oli. Col·loqueu-los en motlles de muffins (paelles) untades i coure-les al forn preescalfat a 200 °C/400 °F/marca de gas 6 durant 15-20 minuts fins que estiguin daurades.

Muffins americans de nabius

Fa 12

150 g/5 oz/1¼ tasses de farina normal (tot ús)

75 g/3 oz/¾ tassa de farina de blat de moro

75 g/3 oz/1/3 tassa de sucre (superfí).

10 ml/2 culleradetes de llevat en pols

Un polsim de sal

1 ou, lleugerament batut

75 g/3 oz/1/3 tassa de mantega o margarina, fosa

250 ml/8 fl oz/1 tassa de llet de mantega

100 g de nabius

Barregeu la farina, la blat de moro, el sucre, el llevat i la sal i feu un pou al centre. Afegiu l'ou, la mantega o la margarina i la llet de mantega i barregeu-ho fins que s'acabi de combinar. Incorporeu-hi els nabius o les móres. Col·loqueu-los en motlles de magdalenes (paper) i poseu-los al forn preescalfat a 200 °C/400 °F/marca de gas 6 durant 20 minuts fins que estiguin daurats i elàstics al tacte.

Muffins de cireres

Fa 12

225 g/8 oz/2 tasses de farina normal (tot ús)

100 g/4 oz/½ tassa de sucre (superfi).

100 g/4 oz/½ tassa de cireres glaçades (confitades).

10 ml/2 culleradetes de llevat en pols

2,5 ml/½ culleradeta de sal

1 ou, lleugerament batut

250 ml/8 fl oz/1 tassa de llet

120 ml/4 fl oz/½ tassa d'oli

Barregeu la farina, el sucre, les cireres, el llevat i la sal i feu un pou al centre. Barregeu els ingredients restants i remeneu-los amb els ingredients secs fins que s'acabi de combinar. No mescleu massa. Col·loqueu-los en motlles de magdalenes (paper) o en motlles de magdalenes (papels) untats amb greix i coure-ho al forn preescalfat a 200 °C/400 °F/gas marca 6 durant 20 minuts fins que estigui ben aixecat i elàstic al tacte.

magdalenes de xocolata

Fa 10-12

175 g/6 oz/1½ tasses de farina (tot ús)

40 g/1½ oz/1/3 tassa de cacau en pols (xocolata sense sucre)

100 g/4 oz/½ tassa de sucre (superfi).

10 ml/2 culleradetes de llevat en pols

2,5 ml/½ culleradeta de sal

1 ou gran

250 ml/8 fl oz/1 tassa de llet

2,5 ml/½ culleradeta d'essència de vainilla (extracte)

120 ml/4 fl oz/½ tassa d'oli de gira-sol o vegetal

Barregeu els ingredients secs i feu un pou al centre. Barrejar bé l'ou, la llet, l'essència de vainilla i l'oli. Incorporeu ràpidament el líquid als ingredients secs fins que s'incorporin tots. No mescleu massa; la mescla ha de quedar grumosa. Col·loqueu en motlles de magdalenes (paper) o motlles de forn (paelles) i coure al forn preescalfat a 200 °C/400 °F/marca de gas 6 durant uns 20 minuts fins que estigui ben aixecat i elàstic al tacte.

Muffins amb trossos de xocolata

Fa 12

175 g/6 oz/1½ tasses de farina (tot ús)

100 g/4 oz/½ tassa de sucre (superfi).

45 ml/3 cullerades de cacau en pols (xocolata sense sucre)

100 g / 4 oz / 1 tassa de xips de xocolata

10 ml/2 culleradetes de llevat en pols

2,5 ml/½ culleradeta de sal

1 ou, lleugerament batut

250 ml/8 fl oz/1 tassa de llet

120 ml/4 fl oz/½ tassa d'oli

2,5 ml/½ culleradeta d'essència de vainilla (extracte)

Barregeu la farina, el sucre, el cacau, les xips de xocolata, el llevat i la sal i feu un pou al centre. Barregeu els ingredients restants i remeneu-los amb els ingredients secs fins que s'acabi de combinar. No mescleu massa. Col·loqueu-los en motlles de magdalenes (paper) o en motlles de magdalenes (papels) untats amb greix i coure-ho al forn preescalfat a 200 °C/400 °F/gas marca 6 durant 20 minuts fins que estigui ben aixecat i elàstic al tacte.

Muffins de canyella

Fa 12

225 g/8 oz/2 tasses de farina normal (tot ús)

100 g/4 oz/½ tassa de sucre (superfí).

10 ml/2 culleradetes de llevat en pols

5 ml/1 culleradeta de canyella mòlta

2,5 ml/½ culleradeta de sal

1 ou, lleugerament batut

250 ml/8 fl oz/1 tassa de llet

120 ml/4 fl oz/½ tassa d'oli

Barregeu la farina, el sucre, el llevat, la canyella i la sal i feu un pou al centre. Barregeu els ingredients restants i remeneu-los amb els ingredients secs fins que s'acabi de combinar. No mescleu massa. Col·loqueu-los en motlles de magdalenes (paper) o en motlles de magdalenes (papels) untats amb greix i coure-ho al forn preescalfat a 200 °C/400 °F/gas marca 6 durant 20 minuts fins que estigui ben aixecat i elàstic al tacte.

Muffins de blat de moro

Fa 12

50 g/2 oz/½ tassa de farina normal (tot ús)

100 g / 4 oz / 1 tassa de farina de blat de moro

5 ml/1 culleradeta de llevat en pols

1 ou, separat

1 rovell d'ou

30 ml/2 cullerades d'oli de blat de moro

30 ml/2 cullerades de llet

Barregeu la farina, la farina de blat de moro i el llevat en pols. Bateu els rovells d'ou, l'oli i la llet i afegiu-hi els ingredients secs. Batre la clara d'ou fins que quedi rígida i després incorporar-la a la barreja. Col·loqueu-los en motlles de magdalenes (paper) o en motlles de magdalenes (papels) untats i coure al forn preescalfat a 200 °C/400 °F/marca de gas 6 durant uns 20 minuts fins que estiguin daurats.

Muffins de figues de blat integral

Fa 10

100 g / 4 oz / 1 tassa de farina integral (integral).

5 ml/1 culleradeta de llevat en pols

50 g/2 oz/½ tassa de farina de civada

50 g/2 oz/1/3 tassa de figues seques, picades

45 ml/3 cullerades d'oli

75 ml/5 cullerades de llet

15 ml/1 cullerada de xarop negre (melassa)

1 ou, lleugerament batut

Barregeu la farina, el llevat en pols i la civada i remeneu-hi les figues. Escalfeu l'oli, la llet i l'almívar junts fins que estiguin barrejats, després afegiu-hi els ingredients secs amb l'ou i barregeu-los fins a obtenir una massa ferma. Aboqueu cullerades de la barreja en motlles de magdalenes (paper) o motlles de magdalenes (papels) untats i coure al forn preescalfat a 190 °C/375 °F/gas marca 5 durant uns 20 minuts fins que estiguin daurats.

Muffins de fruita i segó

Fa 8

100 g/4 oz/1 tassa de cereals de segó

50 g/2 oz/½ tassa de farina normal (tot ús)

2,5 ml/½ culleradeta de llevat en pols

5 ml/1 culleradeta de bicarbonat (bicarbonat de sodi)

5 ml/1 culleradeta d'espècies mòltes barrejades (pastís de poma).

50 g/2 oz/1/3 tassa de panses

100 g / 1 tassa de puré de poma (salsa)

5 ml/1 culleradeta d'essència de vainilla (extracte)

30 ml/2 cullerades de llet

Barregeu els ingredients secs i feu un pou al centre. Incorporeu les panses, la puré de poma i l'essència de vainilla i la llet suficient per fer una barreja homogènia. Col·loqueu-los en motlles de magdalenes (paper) o en motlles de magdalenes (papels) untats amb greix i coure-ho al forn preescalfat a 200 °C/400 °F/gas marca 6 durant 20 minuts fins que estigui ben pujat i estigui daurat.

Muffins de civada

Fa 20

100 g/4 oz/1 tassa de farina de civada

100 g / 4 oz / 1 tassa de farina de civada

225 g / 8 oz / 2 tasses de farina de blat integral (integral).

10 ml/2 culleradetes de llevat en pols

50 g/2 oz/1/3 tassa de panses (opcional)

375 ml/13 fl oz/1½ tasses de llet

10 ml/2 culleradetes d'oli

2 clares d'ou

Barregeu la civada, la farina i el llevat en pols i afegiu-hi les panses, si feu servir. Incorporeu-hi la llet i l'oli. Batre les clares a punt de neu i després incorporar-les a la barreja. Col·loqueu-los en motlles de magdalenes (paper) o en motlles de magdalenes (papels) untats i coure al forn preescalfat a 190 °C/375 °F/gas marca 5 durant uns 25 minuts fins que estiguin daurats.

Muffins de fruita de civada

Fa 10

100 g / 4 oz / 1 tassa de farina integral (integral).

100 g/4 oz/1 tassa de farina de civada

15 ml/1 cullerada de llevat en pols

100 g de sultanes (panses daurades)

50 g/2 oz/½ tassa de fruits secs barrejats picats

1 cullerada (de postres) de poma, pelada, pelada i ratllada

45 ml/3 cullerades d'oli

30 ml/2 cullerades de mel clara

15 ml/1 cullerada de xarop negre (melassa)

1 ou, lleugerament batut

90 ml/6 cullerades de llet

Barregeu la farina, la civada i el llevat en pols. Incorporeu-hi les sultanes, els fruits secs i la poma. Escalfeu l'oli, la mel i la melassa junts fins que es fonguin i, a continuació, afegiu-hi la barreja amb l'ou i la llet suficient per obtenir una consistència de goteig suau. Col·loqueu-los en motlles de magdalenes (paper) o en motlles de magdalenes (papels) untats i coure al forn preescalfat a 190 °C/375 °F/gas marca 5 durant uns 25 minuts fins que estiguin daurats.

Muffins de taronja

Fa 12

100 g / 4 oz / 1 tassa de farina autolevant

100 g/4 oz/½ tassa de sucre moreno suau

1 ou, lleugerament batut

120 ml/4 fl oz/½ tassa de suc de taronja

60 ml/4 cullerades d'oli

2,5 ml/½ culleradeta d'essència de vainilla (extracte)

25 g/2 cullerades de mantega o margarina

30 ml/2 cullerades de farina (tot ús)

2,5 ml/½ culleradeta de canyella mòlta

Barregeu en un bol la farina autolevant i la meitat del sucre. Barregeu l'ou, el suc de taronja, l'oli i l'essència de vainilla i afegiu-hi els ingredients secs fins que s'acabi de combinar. No mescleu massa. Col·loqueu-los en motlles de magdalenes (paper) o en motlles de magdalenes (papels) untats i coure al forn preescalfat a 200 °C/400 °F/marca de gas 6 durant 10 minuts.

Mentrestant, fregueu la mantega o la margarina per guarnir a la farina i barregeu-hi el sucre i la canyella restants. Escampem les magdalenes per sobre i tornem al forn 5 minuts més fins que estiguin daurades.

magdalenes de préssec

Fa 12

225 g/8 oz/2 tasses de farina normal (tot ús)

100 g/4 oz/½ tassa de sucre (superfi).

10 ml/2 culleradetes de llevat en pols

2,5 ml/½ culleradeta de sal

1 ou, lleugerament batut

175 ml/6 fl oz/¾ tassa de llet

120 ml/4 fl oz/½ tassa d'oli

200 g/7 oz/1 llauna de préssecs, escorreguts i picats

Barregeu la farina, el sucre, el llevat i la sal i feu un pou al centre. Barregeu els ingredients restants i remeneu-los amb els ingredients secs fins que s'acabi de combinar. No mescleu massa. Col·loqueu-los en motlles de magdalenes (paper) o en motlles de magdalenes (papels) untats amb greix i coure-ho al forn preescalfat a 200 °C/400 °F/gas marca 6 durant 20 minuts fins que estigui ben aixecat i elàstic al tacte.

magdalenes de mantega de cacauet

Fa 12

225 g/8 oz/2 tasses de farina normal (tot ús)

100 g/4 oz/½ tassa de sucre moreno suau

10 ml/2 culleradetes de llevat en pols

2,5 ml/½ culleradeta de sal

1 ou, lleugerament batut

250 ml/8 fl oz/1 tassa de llet

120 ml/4 fl oz/½ tassa d'oli

45 ml/3 cullerades de mantega de cacauet

Barregeu la farina, el sucre, el llevat i la sal i feu un pou al centre. Barregeu els ingredients restants i remeneu-los amb els ingredients secs fins que s'acabi de combinar. No mescleu massa. Col·loqueu-los en motlles de magdalenes (paper) o en motlles de magdalenes (papels) untats amb greix i coure-ho al forn preescalfat a 200 °C/400 °F/gas marca 6 durant 20 minuts fins que estigui ben aixecat i elàstic al tacte.

Muffins de pinya

Fa 12

225 g/8 oz/2 tasses de farina normal (tot ús)

100 g/4 oz/½ tassa de sucre moreno suau

10 ml/2 culleradetes de llevat en pols

2,5 ml/½ culleradeta de sal

1 ou, lleugerament batut

175 ml/6 fl oz/¾ tassa de llet

120 ml/4 fl oz/½ tassa d'oli

200 g/7 oz/1 llauna petita de pinya, escorreguda i picada

30 ml/2 cullerades de sucre demerara

Barregeu la farina, el sucre moreno suavitzat, el llevat i la sal i feu un pou al centre. Combina tots els altres ingredients excepte el sucre demerara i barreja amb els ingredients secs fins que s'acabi de combinar. No mescleu massa. Col·loqueu-los en motlles de magdalenes (paper) o en motlles de magdalenes untats amb greix i espolvoreu amb el sucre demerara. Coure al forn preescalfat a 200 °C/400 °F/gas marca 6 durant 20 minuts fins que estigui ben pujat i elàstic al tacte.

Muffins de gerds

Fa 12

225 g/8 oz/2 tasses de farina normal (tot ús)

100 g/4 oz/½ tassa de sucre (superfí).

10 ml/2 culleradetes de llevat en pols

2,5 ml/½ culleradeta de sal

200 g/7 oz de gerds

1 ou, lleugerament batut

250 ml/8 fl oz/1 tassa de llet

120 ml/4 fl oz/½ tassa d'oli vegetal

Barrejar la farina, el sucre, el llevat i la sal. Incorporeu-hi els gerds i feu un pou al centre. Barrejar l'ou, la llet i l'oli i abocar-hi els ingredients secs. Remeneu suaument fins que es barregin tots els ingredients secs, però la barreja encara és grumoll. No exageris. Col·loqueu la barreja en motlles de magdalenes (paper) o en motlles de magdalenes (papels) untats i coure al forn preescalfat a 200 °C/400 °F/gas marca 6 durant 20 minuts fins que estigui ben aixecat i elàstic al tacte.

Muffins de gerds i llimona

Fa 12

175 g/6 oz/1½ tasses de farina (tot ús)

50 g/2 oz/¼ tassa de sucre granulat

50 g/2 oz/¼ tassa de sucre morena suau

10 ml/2 culleradetes de llevat en pols

5 ml/1 culleradeta de canyella mòlta

Un polsim de sal

1 ou, lleugerament batut

100 g/4 oz/½ tassa de mantega o margarina, fosa

120 ml/4 fl oz/½ tassa de llet

100 g/4 oz de gerds frescos

10 ml/2 culleradetes de ratlladura de llimona ratllada

Per a la cobertura:
75 g/3 oz/½ tassa de sucre en pols (confiteria), tamisat

15 ml/1 cullerada de suc de llimona

Barregeu la farina, el sucre granulat, el sucre moreno, el llevat, la canyella i la sal en un bol i feu un pou al centre. Afegiu l'ou, la mantega o la margarina i la llet i barregeu-ho fins que els ingredients s'acabin de combinar. Incorporeu-hi els gerds i la ratlladura de llimona. Col·loqueu-los en motlles de magdalenes (paper) o en motlles de magdalenes (papels) untats i coure al forn preescalfat a 180 °C/350 °F/gas marca 4 durant 20 minuts fins que estiguin daurats i elàstics al tacte. Barregeu el sucre llustre i el suc de llimona per a la cobertura i aboqueu-los sobre els muffins calents.

Muffins Sultana

Fa 12

225 g/8 oz/2 tasses de farina normal (tot ús)

100 g/4 oz/½ tassa de sucre (superfí).

100 g de sultanes (panses daurades)

10 ml/2 culleradetes de llevat en pols

5 ml/1 culleradeta d'espècies mòltes barrejades (pastís de poma).

2,5 ml/½ culleradeta de sal

1 ou, lleugerament batut

250 ml/8 fl oz/1 tassa de llet

120 ml/4 fl oz/½ tassa d'oli

Barregeu la farina, el sucre, les sultanes, el llevat, la barreja d'espècies i la sal i feu un pou al centre. Barregeu la resta d'ingredients fins que s'acabi de combinar. Col·loqueu-los en motlles de magdalenes (paper) o en motlles de magdalenes (papels) untats amb greix i coure-ho al forn preescalfat a 200 °C/400 °F/gas marca 6 durant 20 minuts fins que estigui ben aixecat i elàstic al tacte.

Magdalenes de xarop

Fa 12

225 g/8 oz/2 tasses de farina normal (tot ús)

100 g/4 oz/½ tassa de sucre moreno suau

10 ml/2 culleradetes de llevat en pols

2,5 ml/½ culleradeta de sal

1 ou, lleugerament batut

175 ml/6 fl oz/¾ tassa de llet

60 ml/4 cullerades de xarop negre (melassa)

120 ml/4 fl oz/½ tassa d'oli

Barregeu la farina, el sucre, el llevat i la sal i feu un pou al centre. Barregeu la resta d'ingredients fins que s'acabi de combinar. No mescleu massa. Col·loqueu-los en motlles de magdalenes (paper) o en motlles de magdalenes (papels) untats amb greix i coure-ho al forn preescalfat a 200 °C/400 °F/gas marca 6 durant 20 minuts fins que estigui ben aixecat i elàstic al tacte.

Magdalenes de xarop i civada

Fa 10

100 g / 4 oz / 1 tassa de farina normal (tot ús)

175 g/6 oz/1½ tasses de farina de civada

100 g/4 oz/½ tassa de sucre moreno suau

15 ml/1 cullerada de llevat en pols

5 ml/1 culleradeta de canyella mòlta

2,5 ml/½ culleradeta de sal

1 ou, lleugerament batut

120 ml/4 fl oz/½ tassa de llet

60 ml/4 cullerades de xarop negre (melassa)

75 ml/5 cullerades d'oli

Barregeu la farina, la civada, el sucre, el llevat, la canyella i la sal i feu un pou al centre. Barregeu la resta d'ingredients junts, després barregeu-los amb els ingredients secs fins que s'acabi de combinar. No mescleu massa. Col·loqueu-los en motlles de magdalenes (paper) o en motlles de magdalenes (papels) untats amb greix i coure al forn preescalfat a 200 °C/400 °F/gas marca 6 durant 15 minuts fins que estiguin ben aixecats i elàstics al tacte.

Torrades de civada

Fa 8

225 g/8 oz/2 tasses de farina de civada

100 g / 4 oz / 1 tassa de farina integral (integral).

5 ml/1 culleradeta de sal

5 ml/1 culleradeta de llevat en pols

50 g/2 oz/¼ tassa de llard de porc (escurçament)

30 ml/2 cullerades d'aigua freda

Barregeu els ingredients secs i fregueu-hi el llard de porc fins que la barreja sembli pa ratllat. Afegiu-hi prou aigua per fer una massa ferma. Sobre una superfície lleugerament enfarinada, estireu un cercle de 18 cm/7 i talleu-lo en vuit tascons. Posar en una safata de forn untada (galetes) i coure al forn preescalfat a 180 °C/350 °F/gas marca 4 durant 25 minuts. Serviu amb mantega, melmelada o melmelada.

Truites d'esponja de maduixa

Fa 18

5 rovells d'ou

75 g/3 oz/1/3 tassa de sucre (superfi).

Un polsim de sal

Ralladura de ½ llimona ratllada

4 clares d'ou

40 g/1½ oz/1/3 tassa de farina de blat de moro (farina de blat de moro)

40 g/1½ oz/1/3 tassa de farina normal (tot el propòsit)

40 g/1½ oz/3 cullerades de mantega o margarina, fosa

300 ml/½ pt/1¼ tasses de nata

225 g/8 oz de maduixes

Sucre llustre (de pastisseria), tamisat, per empolsar

Bateu els rovells d'ou amb 25 g / 2 cullerades de sucre en pols fins que estiguin pàl·lids i espessos, després bateu-hi la sal i la ratlladura de llimona. Bateu les clares fins que estiguin rígides, després afegiu-hi el sucre llustre restant i continueu batent fins que estiguin rígides i brillants. Incorporeu-hi els rovells d'ou, després afegiu-hi la farina de blat de moro i la farina. Incorporeu-hi la mantega fosa o la margarina. Transferiu la barreja a una pastissera equipada amb un broquet normal (punta) d'1 cm/½ polzada i feu cercles de 15 cm/6 polzades sobre una safata de forn untada i folrada amb pergamí. Coure al forn preescalfat a 220 ° C / 425 ° F / marca de gas 7 durant 10 minuts fins que estigui daurat però no daurat. Deixeu refredar.

Bateu la nata ben ferma. Col·loqueu una capa fina sobre la meitat de cada cercle, disposeu les maduixes per sobre i acabeu amb més nata. Doblegueu la meitat superior de les "truites" per sobre. Espolvorear amb sucre en pols i servir.

Pastissos de menta

Fa 12

100 g/4 oz/½ tassa de mantega o margarina, suavitzada

100 g/4 oz/½ tassa de sucre (superfi).

2 ous, lleugerament batuts

75 g/3 oz/¾ tassa de farina autolevant (farina autolevant)

10 ml/2 culleradetes de cacau en pols (xocolata sense sucre)

Un polsim de sal

225 g/8 oz/11/3 tasses de sucre en pols (refiteria), tamisat

30 ml/2 cullerades d'aigua

Unes gotes de colorant alimentari verd

Unes gotes d'essència de menta (extracte)

Mentes de xocolata, a la meitat, per decorar

Bateu la mantega o la margarina i el sucre fins que quedi lleugera i esponjosa, després bateu-hi els ous a poc a poc. Incorporeu-hi la farina, el cacau i la sal. Col·loqueu-los en motlles de sandvitxos (pastissos) untades i coure-les al forn preescalfat a 200 °C/400 °F/marca de gas 6 durant 10 minuts fins que quedi elàstic al tacte. Deixeu refredar.

Tamisar el sucre llustre en un bol i barrejar-hi 15 ml/1 cullerada d'aigua, després afegir el colorant i l'extracte de menta al gust. Afegiu més aigua si cal per obtenir una consistència que cobreixi la part posterior d'una cullera. Unteu la cirereta als pastissos i decoreu-los amb xips de xocolata.

Pastissos de panses

Fa 12

175 g/6 oz/1 tassa de panses

250 ml/8 fl oz/1 tassa d'aigua

5 ml/1 culleradeta de bicarbonat (bicarbonat de sodi)

100 g/4 oz/½ tassa de mantega o margarina, suavitzada

100 g/4 oz/½ tassa de sucre moreno suau

1 ou, batut

5 ml/1 culleradeta d'essència de vainilla (extracte)

200 g / 7 oz / 1¾ tasses de farina (tot ús)

5 ml/1 culleradeta de llevat en pols

Un polsim de sal

Porteu les panses, l'aigua i el refresc a ebullició en una cassola i deixeu-ho coure a foc lent durant 3 minuts. Deixeu refredar fins que estigui tebi. Bateu la mantega o la margarina i el sucre fins que quedi pàl·lid i esponjós. Incorporeu-hi a poc a poc l'ou i l'essència de vainilla. Incorporeu-hi la barreja de panses i, a continuació, afegiu-hi la farina, el llevat i la sal. Col·loqueu la barreja en motlles de magdalena (paper) o motlles de magdalena (papels) untats i coure al forn preescalfat a 180 °C/350 °F/Gas Mark 4 durant 12-15 minuts fins que estigui ben pujat i estigui daurat.

Rínxols de panses

Fa 24

225 g/8 oz/2 tasses de farina normal (tot ús)

Un polsim d'herbes mòltes (pastís de poma).

5 ml/1 culleradeta de bicarbonat (bicarbonat de sodi)

225 g/8 oz/1 tassa de sucre (superfí).

45 ml / 3 cullerades d'ametlla mòlta

225 g / 8 oz / 1 tassa de mantega o margarina, fosa

45 ml/3 cullerades de panses

1 ou, lleugerament batut

Barregeu els ingredients secs, afegiu-hi la mantega fosa o la margarina, seguida de les panses i l'ou. Barrejar bé fins a obtenir una pasta ferma. Sobre una superfície lleugerament enfarinada, estireu a uns 5 mm de gruix i talleu-les en tires de 5 mm x 20 cm. Humitegeu lleugerament la part superior amb una mica d'aigua, després enrotlleu cada tira des de l'extrem curt. Col·locar en una safata de forn untada (galetes) i coure al forn preescalfat a 200 °C/400 °F/gas marca 6 durant 15 minuts fins que estigui daurat.

Bollos de gerds

Fa 12 entrepans

225 g/8 oz/2 tasses de farina normal (tot ús)

7,5 ml/½ cullerada de llevat en pols

2,5 ml/½ culleradeta d'espècies barrejades (pastís de poma) mòlts

Un polsim de sal

75 g/3 oz/1/3 tassa de mantega o margarina

75 g / 3 oz / 1/3 tassa (superfí) de sucre llustre, més més per espolvorear

1 ou

60 ml / 4 cullerades de llet

60 ml/4 cullerades de melmelada de gerds (en conserva)

Barregeu la farina, el llevat en pols, les espècies i la sal i fregueu-hi la mantega o la margarina fins que la barreja sembli pa ratllat. Incorporeu-hi el sucre. Barregeu l'ou i la llet suficient per formar una massa ferma. Dividiu-les en 12 boles i poseu-les en una safata de forn untada (galetes). Feu un forat amb un dit al centre de cada recipient i hi poseu una mica de melmelada de gerds. Pinteu-ho amb llet i empolvoreu-ho amb sucre llustre. Coure al forn preescalfat a 220 °C/425 °F/gas marca 7 durant 10-15 minuts fins que estigui daurat. Acabeu amb una mica més de melmelada si voleu.

Pastissos d'arròs integral i gira-sol

Fa 12

75 g/3 oz/¾ tassa d'arròs integral cuit

50 g/2 oz/½ tassa de llavors de gira-sol

25 g/1 oz/¼ tassa de llavors de sèsam

40 g/1½ oz/¼ tassa de panses

40 g/1½ oz/¼ tassa de cireres glaçades (confitades), tallades a quarts

25 g/1 oz/2 cullerades de sucre moreno suau

15 ml/1 cullerada de mel clara

75 g/3 oz/1/3 tassa de mantega o margarina

5 ml/1 culleradeta de suc de llimona

Barregeu l'arròs, les llavors i la fruita. Fondre el sucre, la mel, la mantega o la margarina i el suc de llimona i remenar a la barreja d'arròs. Col·loqueu-los en 12 motlles (paper per magdalenes) i poseu-los al forn preescalfat a 200 °C/400 °F/marca de gas 6 durant 15 minuts.

Rocktails

Fa 12

225 g/8 oz/2 tasses de farina normal (tot ús)

Un polsim de sal

10 ml/2 culleradetes de llevat en pols

50 g/2 oz/¼ tassa de mantega o margarina

50 g/2 oz/¼ tassa de llard de porc (escurçament)

100 g / 4 oz / 2/3 tassa de fruita barrejada seca (barreja de pastís de fruites)

100 g/4 oz/½ tassa de sucre demerara

Ralladura de ½ llimona ratllada

1 ou

15–30 ml/1–2 cullerades de llet

Barregeu la farina, la sal i el llevat i fregueu-hi la mantega o la margarina i el llard fins que la barreja sembli pa ratllat. Incorporeu la fruita, el sucre i la ratlladura de llimona. Bateu l'ou amb 15 ml/1 cullerada de llet, afegiu-hi els ingredients secs i barregeu-ho fins a obtenir una massa ferma, afegiu-hi llet addicional si cal. Col·loqueu petits munts de la barreja en una safata de forn untada i coure al forn preescalfat a 200 °C/400 °F/gas marca 6 durant 15-20 minuts fins que estigui daurat.

Pastissos de roca sense sucre

Fa 12

75 g/3 oz/1/3 tassa de mantega o margarina

175 g/6 oz/1¼ tasses de farina de blat integral (integral).

50 g/2 oz/½ tassa de farina de civada

10 ml/2 culleradetes de llevat en pols

5 ml/1 culleradeta de canyella mòlta

100 g de sultanes (panses daurades)

Ralladura d'1 llimona ratllada

1 ou, lleugerament batut

90 ml/6 cullerades de llet

Frega la mantega o la margarina amb la farina, el llevat en pols i la canyella fins que la barreja sembli pa ratllat. Incorporeu-hi les sultanes i la ratlladura de llimona. Afegiu l'ou i la llet suficient per fer una barreja homogènia. Col·loqueu cullerades en una safata de forn untada i coure al forn preescalfat a 200 °C/400 °F/marca de gas 6 durant 15-20 minuts fins que estigui daurat.

Pastissos de safrà

Fa 12

Un polsim de safrà mòlt

75 ml/5 cullerades d'aigua bullint

75 ml/5 cullerades d'aigua freda

100 g/4 oz/½ tassa de mantega o margarina, suavitzada

225 g/8 oz/1 tassa de sucre (superfi).

2 ous, lleugerament batuts

225 g/8 oz/2 tasses de farina normal (tot ús)

10 ml/2 culleradetes de llevat en pols

2,5 ml/½ culleradeta de sal

175 g/6 oz/1 tassa de sultanes (panses daurades)

175 g / 6 oz / 1 tassa de pell barrejada (confitada) picada

Remullar el safrà en l'aigua bullint durant 30 minuts i després afegir l'aigua freda. Bateu la mantega o la margarina i el sucre fins que quedi lleugera i esponjosa, després bateu-hi els ous a poc a poc. Barregeu la farina amb el llevat i la sal, després barregeu 50 g de la barreja de farina amb les sultanes i la ratlladura barrejada. Remeneu la farina alternativament amb l'aigua de safrà a la barreja de nata i afegiu-hi la fruita. Col·loqueu-los en motlles de magdalenes (paper) o en motlles de magdalenes untats i enfarinats i coure al forn preescalfat a 190 °C/375 °F/marca de gas 5 durant uns 15 minuts fins que quedi elàstic al tacte.

Rom Babàs

Fa 8

100 g/4 oz/1 tassa de farina forta (pa)

5 ml/1 culleradeta de llevat sec de fàcil barreja

Un polsim de sal

45 ml/3 cullerades de llet tèbia

2 ous, lleugerament batuts

50 g/2 oz/¼ tassa de mantega o margarina, fosa

25 g/1 oz/3 cullerades de groselles

Per al xarop:

250 ml/8 fl oz/1 tassa d'aigua

75 g/3 oz/1/3 tassa de sucre granulat

20 ml/4 culleradetes de suc de llimona

60 ml/4 cullerades de rom

Per a l'esmalt i la decoració:

60 ml/4 cullerades de melmelada d'albercoc (conservada), colada (escorreguda)

15 ml/1 cullerada d'aigua

150 ml/¼ pt/2/3 tassa de nata o nata doble (pesada)

4 cireres glaçades (confitades), tallades a la meitat

Unes tires d'angèlica, tallades en triangles

Barregeu la farina, el llevat i la sal en un bol i feu un pou al centre. Barregeu la llet, els ous i la mantega o la margarina i afegiu-hi la farina fins que quedi homogeni. Incorporeu-hi les groselles. Col·loqueu la massa en vuit motlles individuals (tubs) untats i enfarinats de manera que només quedi un terç del recorregut dels motlles. Tapeu amb paper film untat amb oli (embolcall de plàstic) i deixeu-ho en un lloc càlid durant 30 minuts fins que la massa s'hagi pujat a la part superior. Coure al forn preescalfat a 200 °C/400 °F/gas marca 6 durant 15 minuts fins que estigui daurat. Gireu els motlles cap per avall i deixeu-los refredar durant 10 minuts, després retireu els pastissos dels motlles i poseu-los en un plat gran i poc profund. Punxeu-los tot amb una forquilla.

Per fer l'almívar, escalfeu l'aigua, el sucre i el suc de llimona a foc lent, remenant fins que el sucre s'hagi dissolt. Augmentar el foc i portar a ebullició. Retirar del foc i remenar el rom. Aboqueu el xarop calent sobre els pastissos i deixeu-ho durant 40 minuts.

Escalfeu la melmelada i l'aigua a foc lent fins que quedi tot ben barrejat. Raspalleu els babas i poseu-los en un plat de servir. Bateu la nata muntada fins que estigui rígida i introduïu-la al centre de cada pastís. Decorar amb cireres i arrel d'angèlica.

Pastissos de bola d'esponja

Fa 24

5 rovells d'ou

75 g/3 oz/1/3 tassa de sucre (superfi).

7 clares d'ou

75 g/3 oz/¾ tassa de farina de blat de moro (farina de blat de moro)

50 g/2 oz/½ tassa de farina normal (tot ús)

Bateu els rovells d'ou amb 15 ml/1 cullerada de sucre fins que estiguin pàl·lids i gruixuts. Bateu les clares fins que estiguin rígides i bateu-hi la resta de sucre fins que estiguin espesses i brillants. Incorporeu la maizena amb una cullera metàl·lica. Doblegueu la meitat dels rovells d'ou a les clares amb una cullera metàl·lica i, a continuació, afegiu-hi els rovells restants. Incorporeu la farina amb molta cura. Transferiu la barreja a una motllera equipada amb un broquet de 2,5 cm/1 polzada (punta) i introduïu-los en pastissos rodons, ben separats, sobre una safata per forn untada i folrada amb pergamí. Coure al forn preescalfat a 200 °C/400 °F/gas marca 6 durant 5 minuts, després reduïu la temperatura del forn a 180 °C/350 °F/gas marca 4 durant 10 minuts més fins que estigui daurat i elàstic. tocar.

Bescuit de xocolata

Fa 12

5 rovells d'ou

75 g/3 oz/1/3 tassa de sucre (superfí).

7 clares d'ou

75 g/3 oz/¾ tassa de farina de blat de moro (farina de blat de moro)

50 g/2 oz/½ tassa de farina normal (tot ús)

60 ml/4 cullerades de melmelada d'albercoc (conservada), colada (escorreguda)

30 ml/2 cullerades d'aigua

1 quantitat de cobertura de xocolata cuita

150 ml/¼ pt/2/3 tassa de nata

Bateu els rovells d'ou amb 15 ml/1 cullerada de sucre fins que estiguin pàl·lids i gruixuts. Bateu les clares fins que estiguin rígides i bateu-hi la resta de sucre fins que estiguin espesses i brillants. Incorporeu la maizena amb una cullera metàl·lica. Doblegueu la meitat dels rovells d'ou a les clares amb una cullera metàl·lica i, a continuació, afegiu-hi els rovells restants. Incorporeu la farina amb molta cura. Transferiu la barreja a una motllera equipada amb un broquet de 2,5 cm/1 polzada (punta) i introduïu-los en pastissos rodons, ben separats, sobre una safata per forn untada i folrada amb pergamí. Coure al forn preescalfat a 200 °C/400 °F/gas marca 6 durant 5 minuts, després reduïu la temperatura del forn a 180 °C/350 °F/gas marca 4 durant 10 minuts més fins que estigui daurat i elàstic. tocar. Transferir a una graella.

Bulliu la melmelada i l'aigua fins que quedi espessa i ben barrejada, després raspalleu la part superior dels pastissos. Deixeu refredar. Submergeix les esponges en la cobertura de xocolata i deixa-les refredar. Bateu la nata muntada fins que quedi rígida i després entrepan els pastissos juntament amb la nata muntada.

Boles de neu d'estiu

Fa 24

100 g/4 oz/½ tassa de mantega o margarina, suavitzada

100 g/4 oz/½ tassa de sucre (superfí).

5 ml/1 culleradeta d'essència de vainilla (extracte)

2 ous, lleugerament batuts

225 g / 8 oz / 2 tasses de farina autolevant

120 ml/4 fl oz/½ tassa de llet

120 ml/4 fl oz/½ tassa de nata doble (pesada).

25 g/1 oz/3 cullerades de sucre en pols (refiteria), tamisat

60 ml/4 cullerades de melmelada d'albercoc (conservada), colada (escorreguda)

30 ml/2 cullerades d'aigua

150 g/5 oz/1¼ tasses de coco sec (rallat).

Bateu la mantega o la margarina i el sucre fins que quedi lleugera i esponjosa. A poc a poc anem incorporant l'essència de vainilla i els ous, i després incorporar la farina i la llet alternativament. Col·loqueu la barreja en motlles de muffins (paelles) untades i coure-les al forn preescalfat a 180 °C/350 °F/gas marca 4 durant 15 minuts fins que estiguin ben elevades i elàstiques al tacte. Transferiu a una reixeta per refredar. Talleu la part superior de les magdalenes.

Bateu la nata i el sucre llustre fins que estiguin rígids, poseu-hi una mica per sobre de cada magdalena i poseu-hi la tapa. Escalfeu la melmelada amb l'aigua fins que es barregi, després unteu la part superior de les magdalenes i ruixeu-les generosament amb el coco.

Gotes d'esponja

Fa 12

3 ous, batuts

100 g/4 oz/½ tassa de sucre (superfí).

2,5 ml/½ culleradeta d'essència de vainilla (extracte)

100 g / 4 oz / 1 tassa de farina normal (tot ús)

5 ml/1 culleradeta de llevat en pols

100 g/4 oz/1/3 tassa de melmelada de gerds (enllaunat)

150 ml/¼ pt/2/3 tassa de nata doble (pesada), nata muntada

Sucre llustre (de pastisseria), tamisat, per empolsar

Col·loqueu els ous, el sucre llustre i l'essència de vainilla en un bol resistent a la calor posat sobre una cassola amb aigua a foc lent i bateu fins que la mescla espesseixi. Traieu el bol de la cassola i afegiu-hi la farina i el llevat. Col·loqueu cullerades petites de la barreja en una safata de forn untada i coure al forn preescalfat a 190 °C/375 °F/gas marca 5 durant 10 minuts fins que estigui daurat. Transferir a una reixeta i deixar refredar. Entreveu les gotes juntament amb melmelada i nata i empolvoreu-ho amb sucre llustre per servir.

Merengues bàsiques

Fa 6-8

2 clares d'ou

100 g/4 oz/½ tassa de sucre (superfi).

Bateu les clares en un bol net i sense greix fins que comencin a formar pics suaus. Afegiu la meitat del sucre i continueu batent fins que la mescla formi pics rígids. Incorporeu lleugerament el sucre restant amb una cullera metàl·lica. Cobriu una safata de forn (galetes) amb paper de forn i poseu-hi 6-8 muntanyes de merenga. Assecar les merengues al forn a la temperatura més baixa possible durant 2-3 hores. Deixeu refredar sobre una reixeta.

Merengues d'ametlla

Fa 12

2 clares d'ou

100 g/4 oz/½ sucre llustre (superfi).

100 g / 4 oz / 1 tassa d'ametlles mòltes

Unes gotes d'essència d'ametlla (extracte)

12 meitats d'ametlla per decorar

Bateu les clares a punt. Afegiu la meitat del sucre i continueu batent fins que la mescla formi pics rígids. Incorporeu-hi el sucre restant, l'ametlla mòlta i l'essència d'ametlla. Repartiu la barreja en 12 rondes en una safata de forn (galetes) untada amb paper de forn i poseu mitja ametlla a cada ronda. Coure al forn preescalfat a 130 °C/250 °F/marca de gas ½ durant 2-3 hores fins que estigui cruixent.

Galetes espanyoles de merenga d'ametlla

Fa 16

225 g/8 oz/1 tassa de sucre granulat

225 g/8 oz/2 tasses d'ametlla mòlta

1 clara d'ou

100 g / 4 oz / 1 tassa d'ametlles senceres

Bat el sucre, les ametlles mòltes i la clara d'ou en una massa llisa. Formeu una bola i aplaneu la massa amb un corró. Talleu-les a rodanxes petites i poseu-les sobre una safata de forn untada (galetes). Premeu una ametlla sencera al centre de cada galeta (galleta). Coure al forn preescalfat a 160 °C/325 °F/gas marca 3 durant 15 minuts.

Cistelles de merengue boniques

Fa 6

4 clares d'ou

225–250 g/8–9 oz/11/3–1½ tasses de sucre de rebosteria, tamisat

Unes gotes d'essència de vainilla (extracte)

En un bol net, sense greixos i resistent a la calor, batre les clares d'ou fins que quedin escumoses i, a continuació, batre a poc a poc el sucre llustre, seguit de l'essència de vainilla. Col·loqueu el bol sobre una cassola amb aigua a foc lent i bateu fins que la merenga mantingui la seva forma i deixi un rastre gruixut quan s'aixequi la batedora. Folreu una safata de forn (galetes) amb paper de forn i dibuixeu sis cercles de 7,5 cm/3 en cercles sobre el paper. Utilitzeu la meitat de la barreja de merenga i aboqueu una capa de merenga a cada cercle. Posa la resta en una pastissera i passa dues capes de merenga al voltant de la vora de cada base. Assecar en un forn preescalfat a 150 °C/300 °F/gas marca 2 durant uns 45 minuts.

Xips d'ametlla

Fa 10

2 clares d'ou

100 g/4 oz/½ tassa de sucre (superfí).

75 g/3 oz/¾ tassa d'ametlla mòlta

25 g/2 cullerades de mantega o margarina, suavitzada

50 g/2 oz/1/3 tassa de sucre llustre (de pastisseria), tamisat

10 ml/2 culleradetes de cacau en pols (xocolata sense sucre)

50 g/2 oz/½ tassa de xocolata negra (semidolça), fosa

Bateu les clares fins que quedin pics ferms. Afegiu el sucre llustre a poc a poc. Incorporeu les ametlles mòltes. Amb un broquet d'1 cm/½, col·loqueu la barreja en 5 cm de longitud sobre una safata de forn lleugerament untada d'oli (safata de galetes). Coure al forn preescalfat a 140 °C/275 °F/marca de gas 1 durant 1-1 hora i mitja. Deixeu refredar.

Remeneu la mantega o la margarina, el sucre en pols i el cacau. Parelles d'entrepà de galetes (galetes) juntament amb el farcit. Desfeu la xocolata en un bol resistent a la calor sobre una cassola amb aigua a foc lent. Submergeix les puntes de les merengues a la xocolata i deixa refredar sobre una reixeta.

Merengues espanyoles d'ametlla i llimona

Fa 30

150 g/5 oz/1¼ tasses d'ametlla blanquejada

2 clares d'ou

Ralladura de ½ llimona ratllada

200 g/7 oz/escaneig 1 tassa (superfi) de sucre llustre

10 ml/2 culleradetes de suc de llimona

Torneu les ametlles al forn preescalfat a 150 °C/300 °F/gas marca 2 durant uns 30 minuts fins que estiguin daurades i aromàtiques. Piqueu gruixut un terç dels fruits secs i tritureu finament la resta.

Bateu les clares a punt. Incorporeu-hi la ratlladura de llimona i dos terços del sucre. Afegiu el suc de llimona i bateu fins que estigui rígid i brillant. Incorporeu-hi el sucre restant i les ametlles mòltes. Incorporeu les ametlles picades. Poseu cullerades de merenga en una safata de forn (galetes) untada i folrada amb paper d'alumini i poseu-ho al forn preescalfat. Reduïu immediatament la temperatura del forn a 110 °C/225 °F/marca de gas ¼ i coure durant aproximadament 1 hora i mitja fins que s'assequi.

Merengues cobertes de xocolata

Fa 4

2 clares d'ou

100 g/4 oz/½ tassa de sucre (superfí).

100 g/4 oz/1 tassa de xocolata negra (semidolça).

150 ml/¼ pt/2/3 tassa de nata doble (pesada), nata muntada

Bateu les clares en un bol net i sense greix fins que comencin a formar pics suaus. Afegiu la meitat del sucre i continueu batent fins que la mescla formi pics rígids. Incorporeu lleugerament el sucre restant amb una cullera metàl·lica. Cobriu una safata de forn (galetes) amb paper de forn i poseu-hi vuit munts de merenga. Assecar les merengues al forn a la temperatura més baixa possible durant 2-3 hores. Deixeu refredar sobre una reixeta.

Desfeu la xocolata en un bol resistent a la calor sobre una cassola amb aigua a foc lent. Deixa refredar alguna cosa. Submergeix amb cura quatre merengues a la xocolata perquè quedi coberta per fora. Deixar sobre paper resistent al greix (cera) fins que s'endureixi. Entreveu una merenga coberta de xocolata i una merenga normal juntament amb nata i repetiu-ho amb la resta de merengues.

Merengues de xocolata i menta

Fa 18

3 clares d'ou

100 g/4 oz/½ tassa de sucre (superfi).

75 g/3 oz/¾ tassa de menta coberta de xocolata picada

Bateu les clares a punt. Anem incorporant el sucre a poc a poc fins que les clares estiguin rígides i brillants. Incorporeu-hi la menta picada. Aboqueu cullerades petites de la barreja en una safata de forn greixada i folrada amb pergamí i coure-ho en un forn preescalfat a 140 °C/275 °F/marca de gas 1 durant 1 hora i mitja fins que s'assequi.

Xips de xocolata i merengues de fruits secs

Fa 12

2 clares d'ou

175 g/6 oz/¾ tassa de sucre llustre (superfi).

50 g/2 oz/½ tassa de xips de xocolata

25 g/1 oz/¼ tassa de nous, tallades finament

Preescalfeu el forn a 190 °C/375 °F/marca de gas 5. Bateu les clares fins que quedin pics suaus. Afegiu-hi el sucre a poc a poc i bateu fins que la barreja formi pics rígids. Incorporeu-hi les xips de xocolata i les nous. Aboqueu cullerades de la barreja sobre safates de forn (galetes) untades i poseu-les al forn. Apagueu el forn i deixeu-ho refredar.

Merengues d'avellana

Fa 12

100 g/4 oz/1 tassa d'avellanes

2 clares d'ou

100 g/4 oz/½ tassa de sucre (superfí).

Unes gotes d'essència de vainilla (extracte)

Reserveu 12 fruits secs per decorar i tritureu la resta. Bateu les clares a punt. Afegiu la meitat del sucre i continueu batent fins que la mescla formi pics rígids. Incorporeu-hi el sucre restant, les avellanes mòltes i l'essència de vainilla. Repartiu la barreja en 12 rondes en una safata de forn (galetes) untada amb paper de forn i poseu una nou reservada a cada ronda. Coure al forn preescalfat a 130 °C/250 °F/marca de gas ½ durant 2-3 hores fins que estigui cruixent.

Pastís de capes de merengue amb fruits secs

Fa un pastís de 23 cm/9 polzades

Per al pastís:

50 g/2 oz/¼ tassa de mantega o margarina, suavitzada

150 g/5 oz/2/3 tassa (superfi) de sucre llustre

4 ous, separats

100 g / 4 oz / 1 tassa de farina normal (tot ús)

10 ml/2 culleradetes de llevat en pols

Un polsim de sal

60 ml / 4 cullerades de llet

5 ml/1 culleradeta d'essència de vainilla (extracte)

50 g/2 oz/½ tassa de pacanes, picades finament

Per a la crema:

250 ml/8 fl oz/1 tassa de llet

50 g/2 oz/¼ tassa de sucre llustre (superfi).

50 g/2 oz/½ tassa de farina normal (tot ús)

1 ou

Un polsim de sal

120 ml/4 fl oz/½ tassa de nata doble (pesada).

Per fer el pastís batem la mantega o la margarina amb 100 g de sucre fins que quedi lleugera i esponjosa. A poc a poc, anem incorporant els rovells d'ou i, després, la farina, el llevat i la sal alternant amb la llet i l'essència de vainilla. Col·loqueu-los en dos motlles (passos) untats i amb folre de 23 cm/9 i niveleu la superfície. Batre les clares fins que estiguin rígides, després incorporar-hi el sucre restant i tornar a batre fins que estiguin rígides i brillants. Reparteix la barreja del pastís i espolvora amb els fruits secs. Coure al forn preescalfat a 150 °C/300 °F/gas marca 3 durant 45 minuts fins que la merenga estigui seca. Transferiu a una reixeta per refredar.

Per fer el flam, barregeu una mica de llet amb el sucre i la farina. Porteu la llet restant a ebullició en una cassola, aboqueu-hi la barreja de sucre i bateu-ho fins que quedi barrejat. Torneu la llet a la cassola esbandida i porteu-la a ebullició, sense parar de remenar, després feu-ho a foc lent, remenant, fins que espessi. Retirar del foc i batre l'ou i la sal i deixar refredar una mica. Batre la nata muntada fins que quedi rígida i després incorporar-la a la barreja. Deixeu refredar. Entreveu els pastissos juntament amb el flam.

Pasta de Macarons d'Avellana

Fa 20

175 g/6 oz/1½ tasses d'avellanes, pelades

3 clares d'ou

225 g/8 oz/1 tassa de sucre (superfi).

5 ml/1 culleradeta d'essència de vainilla (extracte)

5 ml/1 culleradeta de canyella mòlta

5 ml/1 culleradeta de ratlladura de llimona ratllada

Paper d'arròs

Piqueu 12 avellanes gruixudes i piqueu la resta fins que estiguin ben mòltes. Bateu les clares fins que estiguin lleugeres i escumoses. Afegiu-hi a poc a poc el sucre i continueu batent fins que la barreja formi pics rígids. Incorporeu les avellanes, l'essència de vainilla, la canyella i la ratlladura de llimona. Deixeu caure culleradetes amuntegades sobre una safata de galetes folrada amb paper d'arròs (galetes), després aplaneu-les en tires fines. Deixeu reposar 1 hora. Coure al forn preescalfat a 180 °C/350 °F/gas marca 4 durant 12 minuts fins que estigui ferm al tacte.

Capa de merenga i nous

Fa un pastís de 25 cm/10 polzades

100 g/4 oz/½ tassa de mantega o margarina, suavitzada

400 g/14 oz/1¾ tassa de sucre llustre (superfi).

3 rovells d'ou

100 g / 4 oz / 1 tassa de farina normal (tot ús)

10 ml/2 culleradetes de llevat en pols

120 ml/4 fl oz/½ tassa de llet

100 g / 4 oz / 1 tassa de nous

4 clares d'ou

250 ml/8 fl oz/1 tassa de nata doble (pesada).

5 ml/1 culleradeta d'essència de vainilla (extracte)

Cacau en pols (xocolata sense sucre) per empolsar

Bateu la mantega o la margarina i 75 g de sucre fins que quedi lleugera i esponjosa. A poc a poc, anem incorporant els rovells d'ou i, després, la farina i el llevat en pols alternativament amb la llet. Aboqueu la massa en dos motlles de 25 cm untats i enfarinats. Deseu unes quantes meitats de nous per a la decoració, piqueu la resta finament i espolseu-hi els pastissos. Batre les clares a punt de neu, després afegir la resta de sucre i tornar a batre fins que quedi espessa i brillant. Repartiu per sobre dels pastissos i poseu-los al forn preescalfat a 180 °C/350 °F/gas marca 4 durant 25 minuts, cobrint el pastís amb paper cera (cera) cap al final de la cocció quan la merenga comenci a daurar-se. també esdevenen molts. Deixeu refredar als motlles i després doneu la volta als pastissos amb la merenga per sobre.

Bateu la nata muntada i l'essència de vainilla fins que estigui ferm. Entreveu els pastissos junts, amb la merenga cap amunt, amb la meitat de la nata i repartiu la resta per sobre. Decoreu amb les nous reservades i empolseu amb cacau tamisat.

Muntanyes merengues

Fa 6

2 clares d'ou

100 g/4 oz/½ tassa de sucre (superfí).

150 ml/¼ pt/2/3 tassa de nata doble (pesada).

350 g/12 oz de maduixes, a rodanxes

25 g/1 oz/¼ tassa de xocolata negra (semidolça), ratllada

Bateu les clares a punt. Afegiu-hi la meitat del sucre i bateu fins que quedi espessa i brillant. Incorporeu-hi el sucre restant. Col·loqueu sis cercles de merenga sobre paper de forn en una safata de forn (galetes). Coure al forn preescalfat a 140 °C/275 °F/gas marca 1 durant 45 minuts fins que estigui lleugerament daurat i cruixent. L'interior es manté força suau. Retirar de la pell i deixar refredar sobre una reixeta.

Bateu la nata ben ferma. Pipa o cullera la meitat de la nata per sobre dels cercles de merenga, decora amb la fruita i decora amb la nata restant. Espolseu la xocolata ratllada per sobre.

Crema de gerds merengues

Serveis 6

2 clares d'ou

100 g/4 oz/½ tassa de sucre (superfí).

150 ml/¼ pt/2/3 tassa de nata doble (pesada).

30 ml/2 cullerades de sucre llustre (refiteria)

225 g/8 oz de gerds

Bateu les clares en un bol net i sense greix fins que comencin a formar pics suaus. Afegiu la meitat del sucre i continueu batent fins que la mescla formi pics rígids. Incorporeu lleugerament el sucre restant amb una cullera metàl·lica. Cobriu una safata de forn (galetes) amb paper de forn i introduïu-hi petits trossos de merenga. Assecar les merengues durant 2 hores a la temperatura més baixa possible al forn. Deixeu refredar sobre una reixeta.

Bateu la nata muntada amb el sucre llustre fins que quedi rígid i després afegiu-hi els gerds. Utilitzeu-los per entrepansar parells de merengues junts i apilar-los en un plat de servir.

Pastissos de ratafia

Fa 16

3 clares d'ou

100 g / 4 oz / 1 tassa d'ametlles mòltes

225 g/8 oz/1 tassa de sucre (superfi).

Bateu les clares a punt. Incorporeu-hi les ametlles i la meitat del sucre i torneu a batre fins que estigui ferm. Incorporeu-hi el sucre restant. Col·loqueu les rondelles petites en una safata de forn untada i folrada i coure al forn preescalfat a 150 °C/300 °F/gas marca 2 durant 50 minuts fins que estigui sec i cruixent per les vores.

Caramel Vacherin

Fa un pastís de 23 cm/9 polzades

4 clares d'ou

225 g/8 oz/1 tassa de sucre moreno suau

50 g/2 oz/½ tassa d'avellanes, picades

300 ml/½ pt/1¼ tasses de nata doble (pesada).

Unes quantes avellanes senceres per decorar

Bateu les clares fins que agafin pics suaus. Afegiu-hi el sucre a poc a poc fins que estigui rígid i brillant. Col·loqueu la merenga en una pastissera amb un broquet llis d'1 cm/½ (punta) i col·loqueu dues espirals de merenga de 23 cm/9 sobre una safata de forn untada amb paper de forn. Espolvorear amb 15 ml/1 cullerada de fruits secs picats i coure al forn preescalfat a 120 °C/250F/marc de gas ½ durant 2 hores fins que estigui cruixent. Transferiu a una reixeta per refredar.

Batre la nata muntada fins que quedi rígida i després incorporar la resta de fruits secs. Aprofiteu la major part de la nata per enganxar les boles de merenga, després decoreu amb la nata restant i guarniu amb les avellanes senceres.

Scones senzills

Fa 10

225 g/8 oz/2 tasses de farina normal (tot ús)

Un polsim de sal

2,5 ml/½ culleradeta de bicarbonat (bicarbonat de sodi)

5 ml/1 culleradeta de crema de tàrtar

50 g/2 oz/¼ tassa de mantega o margarina, tallada a daus

30 ml/2 cullerades de llet

30 ml/2 cullerades d'aigua

Barrejar la farina, la sal, el bicarbonat de sodi i la crema tàrtara. Fregueu-hi la mantega o la margarina. Afegiu lentament la llet i l'aigua fins que quedeu una massa suau. Amasseu ràpidament sobre una superfície enfarinada fins que quedi suau, després estireu fins a 1 cm de gruix i talleu-les en 5 cm/2 rodones amb un tallador de galetes. Col·loqueu els scones (galetes) en una safata de forn (galetes) untada amb greix i coeu-los al forn preescalfat a 230 °C/450 °F/gas marca 8 durant uns 10 minuts fins que estigui ben pujat i estigui daurat.

Scones d'ou rics

Fa 12

50 g/2 oz/¼ tassa de mantega o margarina

225 g / 8 oz / 2 tasses de farina autolevant

10 ml/2 culleradetes de llevat en pols

25 g/1 oz/2 cullerades (superfí) de sucre llustre

1 ou, lleugerament batut

100 ml/3½ fl oz/6½ cullerades de llet

Frega la mantega o la margarina amb la farina i el llevat en pols. Incorporeu-hi el sucre. Barregeu l'ou i la llet fins que quedeu una massa suau. Amasseu lleugerament sobre una superfície enfarinada, estireu fins a un gruix aproximat d'1 cm i talleu-ho en 5 cm/2 rodones amb un talla-galetes. Torneu a estirar la guarnició i talleu-la. Col·loqueu els scones (galetes) en una safata de forn untada (galetes) i coeu-los al forn preescalfat a 230 °C/450 °F/gas marca 8 durant 10 minuts o fins que estiguin daurats.

bollos de poma

Fa 12

225 g / 8 oz / 2 tasses de farina de blat integral (integral).

20 ml/1½ cullerada de llevat en pols

Un polsim de sal

50 g/2 oz/¼ tassa de mantega o margarina

30 ml/2 cullerades de poma de cocció ratllada (pastís).

1 ou, batut

150 ml/¼ pt/2/3 tassa de llet

Barregeu la farina, el llevat i la sal. Fregueu la mantega o la margarina i remeneu-hi la poma. A poc a poc, incorporeu prou d'ou i llet per fer una massa suau. Estirar sobre una superfície lleugerament enfarinada fins a un gruix d'uns 5 cm i tallar cercles amb un talla galetes. Col·loqueu els scones (galetes) en una safata de forn untada (galetes) i pinzelleu-ho amb la resta d'ou. Coure al forn preescalfat a 200 °C/400 °F/gas marca 6 durant 12 minuts fins que estigui lleugerament daurat.

Scones de poma i coco

Fa 12

50 g/2 oz/¼ tassa de mantega o margarina

225 g / 8 oz / 2 tasses de farina autolevant

25 g/1 oz/2 cullerades (superfi) de sucre llustre

30 ml/2 cullerades de coco sec (ratllat).

1 poma de postres, pelada, pelada i picada

150 ml/¼ pt/2/3 tassa de iogurt

30 ml/2 cullerades de llet

Frega la mantega o la margarina a la farina. Incorporeu el sucre, el coco i la poma i barregeu el iogurt fins a obtenir una massa suau, afegiu-hi una mica de llet si cal. Estireu sobre una superfície lleugerament enfarinada fins a aproximadament 1 polzada de gruix i talleu cercles amb un tallador de galetes. Col·loqueu els scones (galetes) en una safata de forn (galetes) untada amb greix i enforneu-los al forn preescalfat a 220 °C/425 °F/gas marca 7 durant 10-15 minuts fins que estigui ben pujat i estigui daurat.

Scones de poma i dàtils

Fa 12

50 g/2 oz/¼ tassa de mantega o margarina

225 g/8 oz/2 tasses de farina normal (tot ús)

5 ml/1 culleradeta d'espècies barrejades (pastís de poma).

5 ml/1 culleradeta de crema de tàrtar

2,5 ml/½ culleradeta de bicarbonat (bicarbonat de sodi)

25 g/1 oz/2 cullerades de sucre moreno suau

1 poma de cuina petita (pastís), pelada, pelada i tallada a trossos

50 g/2 oz/1/3 tassa de dàtils sense pinyol, picats

45 ml/3 cullerades de llet

Fregueu la mantega o la margarina a la farina, la barreja d'espècies, la crema de tàrtar i el refresc. Incorporeu-hi el sucre, la poma i els dàtils, afegiu-hi la llet i barregeu-ho fins a obtenir una massa suau. Pastar lleugerament, després estirar sobre una superfície enfarinada fins a un gruix de 2,5 cm i tallar-los a rodanxes amb un talla galetes (galetes). Col·loqueu els scones (galetes) en una safata de forn (galetes) untada amb greix i coeu-los al forn preescalfat a 220 °C/425 °F/gas marca 7 durant 12 minuts fins que estiguin ben daurats.

Scones d'ordi

Fa 12

175 g/6 oz/1½ tasses de farina d'ordi

50 g/2 oz/½ tassa de farina normal (tot ús)

Un polsim de sal

2,5 ml/½ culleradeta de bicarbonat (bicarbonat de sodi)

2,5 ml/½ culleradeta de crema de tàrtar

25 g/2 cullerades de mantega o margarina

25 g/1 oz/2 cullerades de sucre moreno suau

100 ml/3½ fl oz/6½ cullerades de llet

Rovell d'ou per esmaltar

Barrejar la farina, la sal, el bicarbonat de sodi i la crema tàrtara. Frega la mantega o la margarina fins que la mescla s'assembli al pa ratllat, després afegiu-hi el sucre i la llet suficient per fer una massa suau. Estirar sobre una superfície de treball lleugerament enfarinada fins a un gruix de 2 cm i tallar cercles amb un talla galetes. Col·loqueu els scones (galetes) en una safata de forn untada (galetes) i unteu-les amb rovell d'ou. Coure al forn preescalfat a 220 °C/425 °F/gas marca 7 durant 10 minuts fins que estigui daurat.

Scones de dates

Fa 12

225 g / 8 oz / 2 tasses de farina de blat integral (integral).

2,5 ml/½ culleradeta de bicarbonat (bicarbonat de sodi)

2,5 ml/½ culleradeta de crema de tàrtar

2,5 ml/½ culleradeta de sal

40 g/1½ oz/3 cullerades de mantega o margarina

15 ml/1 cullerada de sucre llustre (superfi).

100 g/2/3 tassa de dàtils sense pinyol, picats

Uns 100 ml/3½ fl oz/6½ cullerades de llet de mantega

Barregeu la farina, el refresc, la crema de tàrtar i la sal. Afegiu-hi la mantega o la margarina, afegiu-hi el sucre i els dàtils i feu un pou al centre. Barregeu a poc a poc la quantitat de llet de mantega suficient per fer una massa suau i mitjana. Estirar gruixuda i tallar en triangles. Col·loqueu els scones (galetes) en una safata de forn untada (galetes) i coeu-los al forn preescalfat a 230 °C/450 °F/gas marca 8 durant 20 minuts fins que estiguin daurats.

Scones picants

Fa 8

175 g/6 oz/¾ tassa de mantega o margarina

225 g/8 oz/2 tasses de farina (pa) forta

15 ml/1 culleradeta de llevat en pols

Un polsim de sal

5 ml/1 culleradeta de sucre moreno suau

30 ml/2 cullerades d'herbes seques barrejades

60 ml/4 cullerades de llet o aigua

Llet per raspallar

Frega la mantega o la margarina amb la farina, el llevat i la sal fins que la barreja sembli pa ratllat. Incorporeu-hi el sucre i les espècies. Afegiu-hi prou llet o aigua per fer una massa suau. Estirar sobre una superfície lleugerament enfarinada fins a un gruix d'uns 2 cm i tallar cercles amb un talla galetes. Col·loqueu els scones (galetes) en una safata de forn (galetes) untada i unteu la part superior amb llet. Coure al forn preescalfat a 200 °C/400 °F/gas marca 6 durant 10 minuts fins que estigui ben pujat i estigui daurat.

Anell Honey Scone

Fa un anell de 20 cm/8 polzades

Per a la massa:

100 g/4 oz/½ tassa de mantega o margarina

350 g/12 oz/3 tasses de farina autolevant

Un polsim de sal

1 ou

150 ml/¼ pt/2/3 tassa de llet

Per al farcit:

100 g/4 oz/½ tassa de mantega o margarina, suavitzada

60 ml/4 cullerades de mel clara

15 ml/1 cullerada de sucre demerara

Per fer la massa, fregueu la mantega o la margarina amb la farina i la sal fins que la barreja sembli pa ratllat. Bateu l'ou i la llet junts i, a continuació, barregeu-ho amb la barreja de farina prou per fer una massa suau. Sobre una superfície lleugerament enfarinada, estireu un quadrat de 30 cm/12 polzades.

Per al farcit, barregeu la mantega o la margarina i la mel. Mantingueu 15 ml/1 cullerada de la barreja i repartiu la resta sobre la massa. Enrotlleu com un rotlle suís (de gelatina) i després talleu-lo en vuit rodanxes. Col·loqueu les rodanxes en un motlle de 20 cm untat amb oli, set al voltant de la vora i un al centre. Untar amb la barreja de mel reservada i espolvorear amb sucre. Coure el scone en un forn preescalfat a 190 °C/375 °F/gas marca 5 durant 30 minuts fins que estigui daurat. Deixeu refredar a la llauna durant 10 minuts abans de passar a una reixeta perquè es refredi.

Scones de Granola

Fa 8 tascons

100 g/4 oz/1 tassa de muesli

150 ml/¼ pt/2/3 tassa d'aigua

50 g/2 oz/¼ tassa de mantega o margarina

100 g / 4 oz / 1 tassa de farina normal (tot ús) o farina integral (integral)

10 ml/2 culleradetes de llevat en pols

50 g/2 oz/1/3 tassa de panses

1 ou, batut

Remullar el muesli a l'aigua durant 30 minuts. Fregueu la mantega o la margarina amb la farina i el llevat en pols fins que la barreja sembli pa ratllat, a continuació, afegiu-hi les panses i el muesli remullat i barregeu-ho fins a obtenir una massa suau. Donar una forma rodona i plana de 20 cm sobre una safata de forn untada (galetes). Talleu parcialment en vuit seccions i pinteu-les amb ou batut. Coure al forn preescalfat a 230 °C/450 °F/gas marca 8 durant uns 20 minuts fins que estiguin daurats.

Scones de taronja i panses

Fa 12

50 g/2 oz/¼ tassa de mantega o margarina

225 g/8 oz/2 tasses de farina normal (tot ús)

2,5 ml/½ culleradeta de bicarbonat (bicarbonat de sodi)

100 g/4 oz/2/3 tassa de panses

5 ml/1 culleradeta de pell de taronja ratllada

60 ml/4 cullerades de suc de taronja

60 ml / 4 cullerades de llet

Llet per esmaltar

Fregueu la mantega o la margarina amb la farina i el bicarbonat de sodi i remeneu-hi les panses i la ratlladura de taronja. Treballeu amb el suc de taronja i la llet per fer una massa suau. Estireu sobre una superfície lleugerament enfarinada fins a aproximadament 1 polzada de gruix i talleu cercles amb un tallador de galetes. Col·loqueu els scones (galetes) en una safata de forn (galetes) untada i unteu la part superior amb llet. Coure al forn preescalfat a 200 °C/400 °F/gas marca 6 durant 15 minuts fins que estigui lleugerament daurat.

Scones de pera

Fa 12

50 g/2 oz/¼ tassa de mantega o margarina

225 g / 8 oz / 2 tasses de farina autolevant

25 g/1 oz/2 cullerades (superfi) de sucre llustre

1 pera ferma, pelada, pelada i tallada a rodanxes

150 ml/¼ pt/2/3 tassa de iogurt

30 ml/2 cullerades de llet

Frega la mantega o la margarina a la farina. Incorporeu-hi el sucre i la pera i barregeu-hi el iogurt fins a obtenir una massa suau, afegint-hi una mica de llet si cal. Estireu sobre una superfície lleugerament enfarinada fins a aproximadament 1 polzada de gruix i talleu cercles amb un tallador de galetes. Col·loqueu els scones (galetes) en una safata de forn untada (galetes) i coeu-los al forn preescalfat a 230 °C/450 °F/gas marca 8 durant 10-15 minuts fins que estigui ben pujat i estigui daurat.

bollos de patata

Fa 12

50 g/2 oz/¼ tassa de mantega o margarina

225 g / 8 oz / 2 tasses de farina autolevant

Un polsim de sal

175 g/6 oz/¾ tassa de puré de patates cuites

60 ml / 4 cullerades de llet

Fregueu la mantega o la margarina amb la farina i la sal. Incorporeu-hi el puré de patates i la llet suficient per fer una massa suau. Estireu sobre una superfície lleugerament enfarinada fins a aproximadament 1 polzada de gruix i talleu cercles amb un tallador de galetes. Col·loqueu els scones (galetes) en una safata de forn (galetes) lleugerament untada i coure-les al forn preescalfat a 200 °C/400 °F/gas marca 6 durant 15-20 minuts fins que estiguin daurades.

Scones de panses

Fa 12

75 g/3 oz/½ tassa de panses

225 g/8 oz/2 tasses de farina normal (tot ús)

2,5 ml/½ culleradeta de sal

15 ml/1 cullerada de llevat en pols

25 g/1 oz/2 cullerades (superfi) de sucre llustre

50 g/2 oz/¼ tassa de mantega o margarina

120 ml/4 fl oz/½ tassa de nata (lleugera).

1 ou, batut

Remullar les panses en aigua calenta durant 30 minuts i després escórrer. Barregeu els ingredients secs i fregueu-hi la mantega o la margarina. Incorporeu-hi la nata i l'ou per formar una massa suau. Dividiu-les en tres boles, estireu-les a un gruix d'1 cm i poseu-les sobre una safata de forn (galetes) untada. Talleu cadascuna a quarts. Coure els scones (galetes) en un forn preescalfat a 230 °C/450 °F/gas marca 8 durant uns 10 minuts fins que estiguin daurats.

Scones de xarop

Fa 10

225 g/8 oz/2 tasses de farina normal (tot ús)

10 ml/2 culleradetes de llevat en pols

2,5 ml/½ culleradeta de canyella mòlta

50 g/2 oz/¼ tassa de mantega o margarina, tallada a daus

25 g/1 oz/2 cullerades (superfí) de sucre llustre

30 ml/2 cullerades de xarop negre (melassa)

150 ml/¼ pt/2/3 tassa de llet

Barregeu la farina, el llevat i la canyella. Fregueu-hi la mantega o la margarina i, a continuació, afegiu-hi el sucre, el xarop de melassa i la llet suficient per formar una massa suau. Estireu fins a 1 cm/½ de gruix i talleu-los en rodons de 5 cm/2 amb un talla-galetes. Col·loqueu els scones (galetes) en una safata de forn untada amb greix i enforneu-les al forn preescalfat a 220 °C/425 °F/gas marca 7 durant 10-15 minuts fins que estiguin ben elevades i estiguin daurades.

Scones de xarop i gingebre

Fa 12

400 g/14 oz/3½ tasses de farina normal (tot ús)

50 g/2 oz/½ tassa de farina d'arròs

5 ml/1 culleradeta de bicarbonat (bicarbonat de sodi)

2,5 ml/½ culleradeta de crema de tàrtar

10 ml/2 culleradetes de gingebre en pols

2,5 ml/½ culleradeta de sal

10 ml/2 culleradetes de sucre llustre (superfi).

50 g/2 oz/¼ tassa de mantega o margarina

30 ml/2 cullerades de xarop negre (melassa)

300 ml/½ pt/1¼ tasses de llet

Barregeu els ingredients secs junts. Fregueu la mantega o la margarina fins que la barreja sembli pa ratllat. Incorporeu l'almívar i la llet suficient per fer una massa suau però no enganxosa. Amassar suaument sobre una superfície lleugerament enfarinada, estirar i tallar cercles amb un tallador de galetes de 7,5 cm/3 polzades. Col·loqueu els scones (galetes) en una safata de forn untada (galetes) i unteu-les amb la resta de llet. Coure al forn preescalfat a 220 °C/425 °F/gas marca 7 durant 15 minuts fins que s'aixequi i estigui daurat.

Sultana Scones

Fa 12

225 g/8 oz/2 tasses de farina normal (tot ús)

Un polsim de sal

2,5 ml/½ culleradeta de bicarbonat (bicarbonat de sodi)

2,5 ml/½ culleradeta de crema de tàrtar

50 g/2 oz/¼ tassa de mantega o margarina

25 g/1 oz/2 cullerades (superfi) de sucre llustre

50 g/2 oz/1/3 tassa de sultanes (panses daurades)

7,5 ml/½ cullerada de suc de llimona

150 ml/¼ pt/2/3 tassa de llet

Barrejar la farina, la sal, el bicarbonat de sodi i la crema tàrtara. Fregueu la mantega o la margarina fins que la barreja sembli pa ratllat. Incorporeu-hi el sucre i les sultanes. Barrejar el suc de llimona amb la llet i anar incorporant els ingredients secs a poc a poc fins que quedi una massa suau. Pastar lleugerament, després estirar fins a un gruix d'1 cm i tallar amb un talla-galetes en 5 cm/2 rondes. Col·loqueu els scones (galetes) en una safata de forn (galetes) untada amb greix i coeu-los al forn preescalfat a 230 °C/450 °F/gas marca 8 durant uns 10 minuts fins que estigui ben pujat i estigui daurat.

Scones de xarop de blat integral

Fa 12

100 g / 4 oz / 1 tassa de farina integral (integral).

100 g / 4 oz / 1 tassa de farina normal (tot ús)

25 g/1 oz/2 cullerades (superfi) de sucre llustre

2,5 ml/½ culleradeta de crema de tàrtar

2,5 ml/½ culleradeta de bicarbonat (bicarbonat de sodi)

5 ml/1 culleradeta d'espècies barrejades (pastís de poma).

50 g/2 oz/¼ tassa de mantega o margarina

30 ml/2 cullerades de xarop negre (melassa)

100 ml/3½ fl oz/6½ cullerades de llet

Barregeu els ingredients secs i fregueu-hi la mantega o la margarina. Escalfeu l'almívar i després barregeu-lo amb prou llet a través dels ingredients per formar una massa suau. Estireu sobre una superfície lleugerament enfarinada fins a un gruix d'1 cm i retalleu cercles amb un talla galetes. Col·loqueu els scones (galetes) en una safata de forn (galetes) untada i enfarinada i unteu-les amb llet. Coure al forn preescalfat a 190 °C/375 °F/gas marca 5 durant 20 minuts.

Scones de iogurt

Fa 12

200 g / 7 oz / 1¾ tasses de farina (tot ús)

25 g/1 oz/¼ tassa de farina d'arròs

10 ml/2 culleradetes de llevat en pols

Un polsim de sal

15 ml/1 cullerada de sucre llustre (superfi).

50 g/2 oz/¼ tassa de mantega o margarina

150 ml/¼ pt/2/3 tassa de iogurt

Barrejar la farina, el llevat, la sal i el sucre. Fregueu la mantega o la margarina fins que la barreja sembli pa ratllat. Incorporeu el iogurt fins que quedi una massa suau però no enganxosa. Estirar sobre una superfície enfarinada fins a un gruix d'uns 2 cm i tallar en cercles de 5 cm amb un talla-galetes. Col·loqueu-ho en una safata de forn untada i coure al forn preescalfat a 200 °C/400 °F/gas marca 6 durant uns 15 minuts fins que estigui ben pujat i estigui daurat.

Scones de formatge

Fa 12

225 g/8 oz/2 tasses de farina normal (tot ús)

2,5 ml/½ culleradeta de sal

15 ml/1 cullerada de llevat en pols

50 g/2 oz/¼ tassa de mantega o margarina

100 g/4 oz/1 tassa de formatge cheddar, ratllat

150 ml/¼ pt/2/3 tassa de llet

Barregeu la farina, la sal i el llevat en pols. Fregueu la mantega o la margarina fins que la barreja sembli pa ratllat. Incorporeu-hi el formatge. A poc a poc, incorpora la llet fins a formar una massa suau. Pastar lleugerament, després estirar fins a un gruix d'1 cm i tallar amb un talla-galetes en 5 cm/2 rondes. Col·loqueu els scones (galetes) en una safata de forn (galetes) untada amb greix i coeu-les al forn preescalfat a 220 °C/425 °F/gas marca 7 durant 12-15 minuts fins que estiguin ben elevades i estiguin daurades. Serviu calent o fred.

Scones integrals a base d'herbes

Fa 12

100 g/4 oz/½ tassa de mantega o margarina

175 g/6 oz/1¼ tasses de farina de blat integral (integral).

50 g/2 oz/½ tassa de farina normal (tot ús)

10 ml/2 culleradetes de llevat en pols

30 ml/2 cullerades de sàlvia fresca o farigola picada

150 ml/¼ pt/2/3 tassa de llet

Frega la mantega o la margarina amb la farina i el llevat en pols fins que la barreja sembli pa ratllat. Incorporeu les espècies i la llet suficient per formar una massa suau. Pastar lleugerament, després estirar fins a un gruix d'1 cm i tallar-los en rodons de 5 cm/2 amb un talla galetes. Col·loqueu els scones (galetes) en una safata de forn (galetes) untada i unteu la part superior amb llet. Coure al forn preescalfat a 220 °C/425 °F/marca de gas 7 durant 10 minuts fins que estigui ben daurat.

Scones de salami i formatge

Serveis 4

50 g/2 oz/¼ tassa de mantega o margarina

225 g / 8 oz / 2 tasses de farina autolevant

Un polsim de sal

50 g de salami, tallat a rodanxes

75 g/3 oz/¾ tassa de formatge cheddar, ratllat

75 ml/5 cullerades de llet

Frega la mantega o la margarina amb la farina i la sal fins que la barreja sembli pa ratllat. Incorporeu-hi el salami i el formatge, afegiu-hi la llet i barregeu-ho fins a obtenir una massa suau. Forma una rodona de 20 cm/8 polzades i aplana lleugerament. Col·loqueu els scones (galetes) en una safata de forn untada (galetes) i coeu-los al forn preescalfat a 220 °C/425 °F/gas marca 7 durant 15 minuts fins que estiguin daurats.

Scones integrals

Fa 12

175 g/6 oz/1½ tasses de farina de blat integral (integral).

50 g/2 oz/½ tassa de farina normal (tot ús)

15 ml/1 cullerada de llevat en pols

Un polsim de sal

50 g/2 oz/¼ tassa de mantega o margarina

50 g/2 oz/¼ tassa de sucre llustre (superfí).

150 ml/¼ pt/2/3 tassa de llet

Barregeu la farina, el llevat i la sal. Fregueu la mantega o la margarina fins que la barreja sembli pa ratllat. Incorporeu-hi el sucre. A poc a poc, incorpora la llet fins a formar una massa suau. Pastar lleugerament, després estirar fins a un gruix d'1 cm i tallar amb un talla-galetes en 5 cm/2 rondes. Col·loqueu els scones (galetes) en una safata de forn (galetes) untada amb greix i coeu-los al forn preescalfat a 230 °C/450 °F/gas marca 8 durant uns 15 minuts fins que estiguin ben daurats. Servir calent.

Conkies de Barbados

Fa 12

350 g/12 oz de carbassa, ratllada

225 g/8 oz de moniato, ratllat

1 coco gran, ratllat o 225 g/8 oz 2 tasses de coco sec (rallat)

350 g/12 oz/1½ tasses de sucre moreno suau

5 ml/1 culleradeta d'espècies mòltes barrejades (pastís de poma).

5 ml/1 culleradeta de nou moscada ratllada

5 ml/1 culleradeta de sal

5 ml/1 culleradeta d'essència d'ametlla (extracte)

100 g/4 oz/2/3 tassa de panses

350 g/12 oz/3 tasses de farina de blat de moro

100 g / 4 oz / 1 tassa de farina autolevant

175 g/6 oz/¾ tassa de mantega o margarina, fosa

300 ml/½ pt/1¼ tasses de llet

Barregeu la carbassa, el moniato i el coco junts. Incorporeu el sucre, les espècies, la sal i l'essència d'ametlla. Afegiu-hi les panses, la farina i la farina i barregeu-ho bé. Barrejar la mantega fosa o la margarina amb la llet i incorporar-hi els ingredients secs fins que estiguin ben combinats. Col·loqueu uns 60 ml/4 cullerades soperes de la barreja en un quadrat de paper d'alumini, tenint cura de no amuntegar-lo. Doblegueu el paper d'alumini en un paquet perquè quedi ben embolicat i no es vegi cap mescla. Repetiu amb la barreja restant. Cuini els conkies al vapor sobre una reixeta sobre una cassola amb aigua bullint durant aproximadament 1 hora fins que estiguin ferms i cuits. Serviu calent o fred.

Galetes de Nadal fregides

Fa 40

50 g/2 oz/¼ tassa de mantega o margarina

100 g / 4 oz / 1 tassa de farina normal (tot ús)

2,5 ml/½ culleradeta de cardamom mòlt

25 g/1 oz/2 cullerades (superfi) de sucre llustre

15 ml/1 cullerada de nata doble (pesa).

5 ml/1 culleradeta de conyac

1 ou petit, batut

Oli per fregir

Sucre en pols (de rebosteria) per empolsar

Fregueu la mantega o la margarina amb la farina i el cardamom fins que la barreja sembli pa ratllat. Incorporeu-hi el sucre, després afegiu-hi la nata i el brandi i l'ou suficient per obtenir una barreja bastant ferma. Tapar i deixar en un lloc fresc durant 1 hora.

Sobre una superfície lleugerament enfarinada, estireu fins a 5 mm de gruix i talleu amb un tallador de pastisseria en tires de 10x2,5 cm/4x1. Amb un ganivet afilat, talleu una ranura al centre de cada tira. Estireu un extrem de la tira per la ranura per fer un mig arc. Fregiu les galetes (galetes) en oli calent per lots durant uns 4 minuts fins que estiguin daurades i inflades. Escórrer sobre paper de cuina (tovalloles de paper) i servir empolsat amb sucre llustre.

Pastissos de blat de moro

Fa 12

100 g / 4 oz / 1 tassa de farina autolevant

100 g / 4 oz / 1 tassa de farina de blat de moro

5 ml/1 culleradeta de llevat en pols

15 g/½ oz/1 cullerada de sucre llustre (superfi).

2 ous

375 ml/13 fl oz/1½ tasses de llet

60 ml/4 cullerades d'oli

Oli per fregir

Barregeu els ingredients secs i feu un pou al centre. Bateu els ous, la llet i l'oli mesurat junts i, a continuació, afegiu-hi els ingredients secs. Escalfeu una mica d'oli en una paella gran (paella) i fregiu (saltegeu) 60 ml/4 cullerades de massa fins que apareguin bombolles per sobre. Donar la volta i daurar l'altre costat. Retirar de la paella i mantenir calent mentre continueu amb la massa restant. Servir calent.

crumpets

Fa 8

15 g/½ oz de llevat fresc o 20 ml/4 culleradetes de llevat sec

5 ml/1 culleradeta de sucre llustre (superfí).

300 ml/½ pt/1¼ tasses de llet

1 ou

250 g / 9 oz / 2¼ tasses de farina normal (tot ús)

5 ml/1 culleradeta de sal

Oli per fregar

Barregeu el llevat i el sucre amb una mica de llet fins a formar una pasta i després hi barregem la resta de llet i l'ou. Incorporeu el líquid a la farina i la sal i barregeu-ho amb una massa cremosa i espessa. Tapa i deixa en un lloc càlid durant 30 minuts fins que dobli el seu volum. Escalfeu una paella o una paella gruixuda (paella) i unteu-la lleugerament. Col·loqueu 7,5 cm/3 en anelles de forn a la safata de forn. (Si no teniu anelles de forn, talleu amb cura la part superior i inferior d'una paella petita.) Aboqueu tasses de la barreja als anells i deixeu-ho coure durant uns 5 minuts fins que la part inferior estigui daurada i la part superior estigui picada. Repetiu amb la barreja restant. Servir torrat.

Donuts

Fa 16

300 ml/½ pt/1¼ tassa de llet tèbia

15 ml/1 cullerada de llevat sec

175 g/6 oz/¾ tassa de sucre llustre (superfí)

450 g/1 lb/4 tasses de farina (pa) forta

5 ml/1 culleradeta de sal

50 g/2 oz/¼ tassa de mantega o margarina

1 ou, batut

Oli per fregir

5 ml/1 culleradeta de canyella mòlta

Barregeu la llet tèbia, el llevat, 5 ml/1 culleradeta de sucre i 100 g de farina. Deixeu-ho en un lloc càlid durant 20 minuts fins que estigui espumós. Barregeu la resta de farina, 50 g de sucre i sal en un bol i fregueu-hi la mantega o la margarina fins que la mescla sembli pa ratllat. Barregeu la barreja d'ou i llevat i amassar bé en una massa llisa. Tapar i deixar en un lloc càlid durant 1 hora. Torneu a amassar i estireu fins a un gruix de 2 cm. Talleu anelles amb un tallador de 8 cm/3 polzades i retalleu els centres amb un tallador de 4 cm/1½ polzada.

Col·loqueu sobre una safata de forn untada (galetes) i deixeu-ho reposar 20 minuts. Escalfeu l'oli fins que gairebé faci fum, després sofregiu els bunyols uns minuts a la vegada fins que estiguin daurats. Escorreu bé. Col·loqueu el sucre i la canyella restants en una bossa i agiteu els bunyols a la bossa fins que estiguin ben coberts.

Donuts de patata

Fa 24

15 ml/1 cullerada de llevat sec

60 ml/4 cullerades d'aigua tèbia

25 g/1 oz/2 cullerades (superfi) de sucre llustre

25 g/1 oz/2 cullerades de llard de porc (escurçament)

1,5 ml/¼ culleradeta de sal

75 g/3 oz/1/3 tassa de puré de patates

1 ou, batut

120 ml/4 fl oz/½ tassa de llet, bullida

300 g/10 oz/2½ tasses de farina (pa) forta

Oli per fregir

Sucre granulat per espolvorear

Dissoleu el llevat a l'aigua tèbia amb una culleradeta de sucre i escuma. Barregeu el llard, el sucre restant i la sal. Incorporeu la patata, la barreja de llevat, l'ou i la llet, afegiu-hi la farina a poc a poc i barregeu-ho fins que quedi homogeni. Gireu sobre una superfície enfarinada i amasseu bé. Col·loqueu en un bol untat amb greix, cobreixi amb paper film (embolcall de plàstic) i deixeu-ho en un lloc càlid durant aproximadament 1 hora fins que dobli el seu volum.

Torneu a amassar i estireu fins a un gruix d'1 cm. Talleu anelles amb un tallador de 8 cm/3 polzades i, a continuació, retalleu els centres amb un tallador de 4 cm/1½ polzada per fer formes de donuts. Deixar que es dupliqui. Escalfeu l'oli i fregiu els bunyols fins que estiguin daurats. Espolvorear amb sucre i deixar refredar.

Pa de naan

Fa 6

2,5 ml/½ culleradeta de llevat sec

60 ml/4 cullerades d'aigua tèbia

350 g/12 oz/3 tasses de farina normal

10 ml/2 culleradetes de llevat en pols

Un polsim de sal

150 ml/¼ pt/2/3 tassa de iogurt

Mantega fosa per raspallar

Barregeu el llevat i l'aigua tèbia i deixeu-ho en un lloc càlid durant 10 minuts fins que estigui espumosa. Barregeu la barreja de llevat amb la farina, el llevat i la sal i processeu el iogurt en una massa suau. Pastar fins que ja no quedi enganxós. Col·loqueu en un bol untat amb oli, tapeu i deixeu-ho reposar 8 hores.

Divideix la massa en sis trossos i enrotlla en ovals d'uns 5 mm de gruix. Col·loqueu sobre una safata de forn untada (galetes) i pinzelleu amb mantega fosa. Grill (a la graella) sota una graella mitjana (a la graella) durant uns 5 minuts fins que estigui lleugerament inflat, després girar i pinzellar l'altre costat amb mantega i fer la graella durant 3 minuts més fins que estigui lleugerament daurat.

Bannocks de civada

Fa 4

100 g/4 oz/1 tassa de civada mitjana

2,5 ml/½ culleradeta de sal

Una mica de bicarbonat de sodi (bicarbonat de sodi)

10 ml/2 culleradetes d'oli

60 ml/4 culleradetes d'aigua calenta

Barregeu els ingredients secs en un bol i feu un pou al centre. Afegiu l'oli i l'aigua suficient per fer una massa ferma. Col·loqueu sobre una superfície lleugerament enfarinada i amasseu fins que quedi suau. Estireu a uns 5 mm/¼ de gruix, retalleu les vores i talleu-los a quarts. Escalfeu una paella a la planxa o una paella de fons gruixut (paella) i fregiu (saltegeu) els bannocks durant uns 20 minuts fins que les cantonades es comencin a enrotllar. Donar la volta i coure l'altre costat durant 6 minuts.

Piquets

Fa 8

10 ml/2 culleradeta de llevat fresc o 5 ml/1 culleradeta de llevat sec

5 ml/1 culleradeta de sucre llustre (superfi).

300 ml/½ pt/1¼ tasses de llet

1 ou

225 g/8 oz/2 tasses de farina normal (tot ús)

5 ml/1 culleradeta de sal

Oli per fregar

Barregeu el llevat i el sucre amb una mica de llet fins a formar una pasta i després hi barregem la resta de llet i l'ou. Incorporeu el líquid a la farina i la sal i barregeu-ho en una massa fina. Tapa i deixa en un lloc càlid durant 30 minuts fins que dobli el seu volum. Escalfeu una paella o una paella gruixuda (paella) i unteu-la lleugerament. Aboqueu tasses de la barreja a la safata de forn i deixeu-ho coure durant uns 3 minuts fins que la part inferior estigui daurada, després gireu i cuini l'altre costat durant uns 2 minuts. Repetiu amb la barreja restant.

Easy Drop Scones

Fa 15

100 g / 4 oz / 1 tassa de farina autolevant

Un polsim de sal

15 ml/1 cullerada de sucre llustre (superfi).

1 ou

150 ml/¼ pt/2/3 tassa de llet

Oli per fregar

Barrejar la farina, la sal i el sucre i fer un pou al centre. Aboqueu l'ou i aneu incorporant l'ou i la llet a poc a poc fins que quedi una massa homogènia. Escalfeu una paella gran (paella) i unteu-la lleugerament. Quan estigui calent, poseu cullerades de massa a la cassola perquè facin cercles. Cuini uns 3 minuts fins que els scones estiguin inflats i estiguin daurats per la part inferior, després gireu i enrossim l'altre costat. Serviu calent o calent.

Scones de gota d'auró

Fa 30

200 g/7 oz/1¾ tasses de farina autolevant

25 g/1 oz/¼ tassa de farina d'arròs

10 ml/2 culleradetes de llevat en pols

25 g/1 oz/2 cullerades (superfi) de sucre llustre

Un polsim de sal

15 ml/1 cullerada de xarop d'auró

1 ou, batut

200 ml/7 fl oz/escaneja 1 tassa de llet

oli de gira-sol

50 g/2 oz/¼ tassa de mantega o margarina, suavitzada

15 ml/1 cullerada de nous picades fines

Barregeu la farina, el llevat, el sucre i la sal i feu un pou al centre. Afegiu el xarop d'auró, l'ou i la meitat de la llet i bateu-ho fins que quedi homogeni. Incorporeu-hi la llet restant fins a obtenir una massa espessa. Escalfeu una mica d'oli en una paella (paella) i traieu l'excés. Aboqueu cullerades de la massa a la paella i fregiu (saltegeu) fins que la part inferior estigui daurada. Gireu i cuini els altres costats. Traieu de la paella i mantingueu calent mentre enforneu els scones restants. Tritureu la mantega o la margarina amb els fruits secs i remeneu els scones calents amb la mantega aromatitzada per servir.

Safata de forn Scones

Fa 12

225 g/8 oz/2 tasses de farina normal (tot ús)

5 ml/1 culleradeta de bicarbonat (bicarbonat de sodi)

10 ml/2 culleradetes de crema de tàrtar

2,5 ml/½ culleradeta de sal

25 g/1 oz/2 cullerades de mantega (escurça) o mantega

25 g/1 oz/2 cullerades (superfi) de sucre llustre

150 ml/¼ pt/2/3 tassa de llet

Oli per fregar

Barregeu la farina, el refresc, la crema de tàrtar i la sal. Fregueu-hi la mantega o la mantega i, a continuació, afegiu-hi el sucre. Anem incorporant la llet a poc a poc fins que quedi una massa suau. Tallem la massa per la meitat i amassem i donem forma a cadascuna d'una rodona plana d'uns 1 cm de gruix. Talleu cada ronda en sis. Escalfeu una paella o una paella gran (paella) i oli lleugerament. Quan estigui calent, poseu els scones (galetes) a la paella i deixeu-los coure durant uns 5 minuts fins que estiguin daurats per la part inferior, després gireu i deixeu-ho coure per l'altre costat. Deixeu refredar sobre una reixeta.

Scones a la planxa amb formatge

Fa 12

25 g/2 cullerades de mantega o margarina, suavitzada

100 g/4 oz/½ tassa de formatge cottage

5 ml/1 culleradeta de cibulet acabat de picar

2 ous, batuts

40 g/1½ oz/1/3 tassa de farina normal (tot el propòsit)

15 g/½ oz/2 cullerades de farina d'arròs

5 ml/1 culleradeta de llevat en pols

15 ml/1 cullerada de llet

Oli per fregar

Bateu tots els ingredients excepte l'oli en una massa espessa. Escalfeu una mica d'oli en una paella (paella) i escorreu l'excés d'oli. Fregiu (saltegeu) cullerades de la barreja fins que la part inferior estigui daurada. Gireu els scones (galetes) i cuini l'altre costat. Retirar de la cassola i mantenir calent mentre es cou la resta de scones

Pancakes escocesos especials

Fa 12

100 g / 4 oz / 1 tassa de farina normal (tot ús)

10 ml/2 culleradetes de sucre llustre (superfí).

5 ml/1 culleradeta de crema de tàrtar

2,5 ml/½ culleradeta de sal

2,5 ml/½ culleradeta de bicarbonat (bicarbonat de sodi)

1 ou

5 ml/1 culleradeta de xarop daurat (blat de moro clar).

120 ml/4 fl oz/½ tassa de llet tèbia

Oli per fregar

Barregeu els ingredients secs i feu un pou al centre. Bateu l'ou amb l'almívar i la llet i barregeu-ho amb la barreja de farina fins que quedeu una massa ben espessa. Tapa i deixa reposar uns 15 minuts fins que la barreja bulli. Escalfeu una planxa gran o una paella de fons gruixut (paella) i unteu-la lleugerament. Aboqueu cullerades petites de la massa a la safata per al forn i fregiu-les per un costat durant uns 3 minuts fins que la part inferior estigui daurada, després gireu i cuini l'altre costat durant uns 2 minuts. Emboliqueu les creps en un drap de cuina tèbia (drap de cuina) mentre cuineu la resta de la massa. Servir fresc i untat amb mantega, a la planxa o fregit (fregit).

Creps escoceses de fruites

Fa 12

100 g / 4 oz / 1 tassa de farina normal (tot ús)

10 ml/2 culleradetes de sucre llustre (superfí).

5 ml/1 culleradeta de crema de tàrtar

2,5 ml/½ culleradeta de sal

2,5 ml/½ culleradeta de bicarbonat (bicarbonat de sodi)

100 g/4 oz/2/3 tassa de panses

1 ou

5 ml/1 culleradeta de xarop daurat (blat de moro clar).

120 ml/4 fl oz/½ tassa de llet tèbia

Oli per fregar

Barregeu els ingredients secs i les panses i feu un pou al centre. Bateu l'ou amb l'almívar i la llet i barregeu-ho amb la barreja de farina fins que quedeu una massa ben espessa. Tapa i deixa reposar uns 15 minuts fins que la barreja bulli. Escalfeu una planxa gran o una paella de fons gruixut (paella) i unteu-la lleugerament. Aboqueu cullerades petites de la massa a la safata per al forn i fregiu-les per un costat durant uns 3 minuts fins que la part inferior estigui daurada, després gireu i cuini l'altre costat durant uns 2 minuts. Emboliqueu les creps en un drap de cuina tèbia (drap de cuina) mentre cuineu la resta. Servir fresc i untat amb mantega, a la planxa o fregit (fregit).

Pancakes escocesos taronja

Fa 12

100 g / 4 oz / 1 tassa de farina normal (tot ús)

10 ml/2 culleradetes de sucre llustre (superfi).

5 ml/1 culleradeta de crema de tàrtar

2,5 ml/½ culleradeta de sal

2,5 ml/½ culleradeta de bicarbonat (bicarbonat de sodi)

10 ml/2 culleradetes de pell de taronja ratllada

1 ou

5 ml/1 culleradeta de xarop daurat (blat de moro clar).

120 ml/4 fl oz/½ tassa de llet tèbia

Unes gotes d'essència de taronja (extracte)

Oli per fregar

Barregeu els ingredients secs i la ratlladura de taronja i feu un pou al centre. Bateu l'ou amb l'almívar, la llet i l'essència de taronja i barregeu-lo amb la barreja de farina fins que quedeu una massa ben espessa. Tapa i deixa reposar uns 15 minuts fins que la barreja bulli. Escalfeu una planxa gran o una paella de fons gruixut (paella) i unteu-la lleugerament. Aboqueu cullerades petites de la massa a la safata per al forn i fregiu-les per un costat durant uns 3 minuts fins que la part inferior estigui daurada, després gireu i cuini l'altre costat durant uns 2 minuts. Emboliqueu les creps en un drap de cuina tèbia (drap de cuina) mentre cuineu la resta. Servir fresc i untat amb mantega, a la planxa o fregit (fregit).

Cantant Hinny

Fa 12

225 g/8 oz/2 tasses de farina normal (tot ús)

2,5 ml/½ culleradeta de sal

2,5 ml/½ culleradeta de llevat en pols

50 g/2 oz/¼ tassa de llard de porc (escurçament)

50 g/2 oz/¼ tassa de mantega o margarina

100 g/4 oz/2/3 tassa de groselles

120 ml/4 fl oz/½ tassa de llet

Oli per fregar

Barregeu els ingredients secs, després fregueu-hi el llard i la mantega o la margarina fins que la barreja sembli pa ratllat. Incorporeu-hi les groselles i feu un pou al centre. Afegiu-hi prou llet per obtenir una massa ferma. Estireu sobre una superfície lleugerament enfarinada fins a un gruix aproximadament d'1 cm i punxeu la part superior amb una forquilla. Escalfeu una paella a la planxa o paella de fons gruixut (paella) i unteu-la lleugerament. Coure el pastís durant uns 5 minuts fins que el fons estigui daurat, després donar-li la volta i coure l'altre costat durant uns 4 minuts. Serviu dividit i untat amb mantega.

Pastís gal·lesos

Serveis 4

225 g/8 oz/2 tasses de farina normal (tot ús)

5 ml/1 culleradeta de llevat en pols

2,5 ml/½ culleradeta d'espècies barrejades (pastís de poma) mòlts

50 g/2 oz/¼ tassa de mantega o margarina

50 g/2 oz/¼ tassa de llard de porc (escurçament)

75 g/3 oz/1/3 tassa de sucre (superfi).

50 g/2 oz/1/3 tassa de groselles

1 ou, batut

30–45 ml/2–3 cullerades de llet

Barregeu la farina, el llevat en pols i les espècies barrejades en un bol. Frega la mantega o la margarina i el llard fins que la barreja sembli pa ratllat. Incorporeu-hi el sucre i les groselles. Afegiu l'ou i la llet suficient per fer una massa ferma. Estirar sobre una taula enfarinada fins a un gruix de 5 mm/¼ i tallar en 7,5 cm/3 cercles. Coure al forn en una safata de forn untada durant uns 4 minuts per cada costat fins que estigui daurat.

Pancakes gal·lesos

Fa 12

175 g/6 oz/1½ tasses de farina (tot ús)

2,5 ml/½ culleradeta de crema de tàrtar

2,5 ml/½ culleradeta de bicarbonat (bicarbonat de sodi)

50 g/2 oz/¼ tassa de sucre llustre (superfi).

25 g/2 cullerades de mantega o margarina

1 ou, batut

120 ml/4 fl oz/½ tassa de llet

2,5 ml/½ culleradeta de vinagre

Oli per fregar

Barregeu els ingredients secs i remeneu-hi el sucre. Fregueu-hi la mantega o la margarina i feu un pou al centre. Barregeu l'ou i la llet prou per fer una massa fina. Incorporeu-hi el vinagre. Escalfeu una paella a la planxa o paella de fons gruixut (paella) i unteu-la lleugerament. Afegiu cullerades grans de massa a la paella i fregiu (saltegeu) durant uns 3 minuts fins que estigui daurat per la part inferior. Donar la volta i coure l'altre costat uns 2 minuts. Serviu calent i untat amb mantega.

Pa de blat de moro especiat mexicà

Fa 8 rotllos

225 g / 8 oz / 2 tasses de farina autolevant

5 ml/1 culleradeta de bitxo en pols

2,5 ml/½ culleradeta de bicarbonat (bicarbonat de sodi)

200 g/7 oz/1 llauna petita de blat de moro dolç (blat de moro)

15 ml/1 cullerada de pasta de curri

250 ml/8 fl oz/1 tassa de iogurt

Oli per fregir

Barregeu la farina, el xili en pols i el bicarbonat de sodi. Incorporeu-hi els ingredients restants, excepte l'oli, i barregeu-los fins a obtenir una massa suau. Col·loqueu sobre una superfície lleugerament enfarinada i amasseu suaument fins que quedi suau. Talleu-los en vuit trossos i bateu cadascun en una rodona de 13 cm/5. Escalfeu l'oli en una paella (paella) de fons gruixut i fregiu (saltegeu) el pa de blat de moro durant 2 minuts per cada costat fins que estigui daurat i lleugerament inflat.

Pa pla suec

Fa 4

225 g / 8 oz / 2 tasses de farina de blat integral (integral).

225 g / 8 oz / 2 tasses de farina de sègol o ordi

5 ml/1 culleradeta de sal

Aproximadament 250 ml/8 fl oz/1 tassa d'aigua tèbia

Oli per fregar

Barrejar la farina i la sal en un bol, després anar incorporant-lo a poc a poc fins que quedi una massa ferma. Segons la farina que utilitzeu, potser necessiteu una mica més o menys d'aigua. Bateu bé fins que la barreja surti dels costats del bol, després torneu-ho a una superfície lleugerament enfarinada i pasteu-ho durant 5 minuts. Dividiu la massa en quarts i estireu-la fina fins a 20 cm/8 en rodones. Escalfeu una paella a la planxa o una paella gran (paella) i unteu-la lleugerament. Fregiu (saltegeu) un o dos pans a la vegada durant uns 15 minuts per cada costat fins que estiguin daurats.

Pa de sègol i blat de moro al vapor

Per a un pa de 9 polzades/23 cm

175 g/6 oz/1½ tasses de farina de sègol

175 g/6 oz/1½ tasses de farina de blat integral (integral).

100 g/4 oz/1 tassa de farina de civada

10 ml/2 culleradetes de bicarbonat (bicarbonat de sodi)

5 ml/1 culleradeta de sal

450 ml/¾ pt/2 tasses de llet

175 g/6 oz/½ tassa de melassa negra (melassa)

10 ml/2 culleradetes de suc de llimona

Barregeu la farina, la civada, el bicarbonat de sodi i la sal. Escalfeu la llet, el xarop i el suc de llimona fins que estiguin tèbies i, a continuació, afegiu-hi els ingredients secs. Col·loqueu-lo en un motlle de budín untat de 23 cm/9 polzades i cobriu-lo amb paper d'alumini plegat. Col·loqueu-lo en una cassola gran i ompliu-lo amb prou aigua calenta a la meitat dels costats del motlle. Tapeu-ho i deixeu-ho coure durant 3 hores, omplint-ho amb aigua bullint si cal. Deixeu reposar tota la nit abans de servir.

Pa de blat de moro al vapor

Fa dos pans de 450 g/1lb

175 g/6 oz/1½ tasses de farina (tot ús)

225 g/8 oz/2 tasses de farina de blat de moro

15 ml/1 cullerada de llevat en pols

Un polsim de sal

3 ous

45 ml/3 cullerades d'oli

150 ml/¼ pt/2/3 tassa de llet

300 g/11 oz de blat de moro dolç en conserva (blat de moro), escorregut i triturat

Barregeu la farina, la farina de blat de moro, el llevat i la sal. Bateu els ous, l'oli i la llet i remeneu els ingredients secs al blat de moro dolç. Col·loqueu-los en dues llaunes (paelles) de 450 g/1lb untades i poseu-les en una cassola gran plena d'aigua bullint suficient per arribar a la meitat dels costats de les llaunes. Tapeu i deixeu coure a foc lent durant 2 hores, ompliu-ho amb aigua bullint si cal. Deixeu refredar dins els motlles abans de girar i tallar.

Xapatis de blat integral

Fa 12

225 g / 8 oz / 2 tasses de farina de blat integral (integral).

5 ml/1 culleradeta de sal

150 ml/¼ pt/2/3 tassa d'aigua

Barrejar la farina i la sal en un bol, després anar incorporant-lo a poc a poc fins que quedi una massa ferma. Dividiu-les en 12 trossos i estireu-les ben fines sobre una superfície de treball enfarinada. Unteu una paella (paella) o una planxa de fons gruixut i fregiu (saltegeu) uns quants xapatis alhora a foc mitjà fins que la part inferior estigui daurada. Donar la volta i coure l'altre costat fins que estigui lleugerament daurat. Mantingueu el xapati calent mentre cuineu la resta. Serviu untat amb mantega per un costat si voleu.

Puris de blat integral

Fa 8

100 g / 4 oz / 1 tassa de farina integral (integral).

100 g / 4 oz / 1 tassa de farina normal (tot ús)

2,5 ml/½ culleradeta de sal

25 g/2 cullerades de mantega o margarina, fosa

150 ml/¼ pt/2/3 tassa d'aigua

Oli per fregir

Barregeu la farina i la sal i feu un pou al centre. Aboqueu-hi la mantega o la margarina. Afegiu l'aigua a poc a poc i barregeu fins a obtenir una massa ferma. Pastar durant 5-10 minuts, tapar amb un drap humit i deixar reposar 15 minuts.

Dividiu la massa en vuit trossos i enrotlleu cada massa en una làmina prima de 13 cm/5 polzades. Escalfeu l'oli en una paella gran de fons gruixut (paella) i fregiu (saltegeu) els puris un o dos a la vegada fins que estigui inflat i cruixent i daurat. Escórrer sobre paper de cuina (tovalloles de paper).

galetes d'ametlla

Fa 24

100 g/4 oz/½ tassa de mantega o margarina, suavitzada

50 g/2 oz/¼ tassa de sucre llustre (superfi).

100 g / 4 oz / 1 tassa de farina autolevant

25 g/1 oz/¼ tassa d'ametlles mòltes

Unes gotes d'essència d'ametlla (extracte)

Bateu la mantega o la margarina i el sucre fins que quedi lleugera i esponjosa. Incorporeu-hi la farina, l'ametlla mòlta i l'essència d'ametlla fins que estigui rígida. Formeu boles grans de la mida d'una nou i disposeu-les ben separades sobre una safata de forn untada (galetes), després premeu lleugerament amb una forquilla per aplanar-les. Coure les galetes (galetes) al forn preescalfat a 180 °C/350 °F/gas marca 4 durant 15 minuts fins que estiguin daurades.

Rínxols d'ametlla

Fa 30

100 g / 4 oz / 1 tassa d'ametlles tallades (esqueixades).

100 g/4 oz/½ tassa de mantega o margarina

100 g/4 oz/½ tassa de sucre (superfi).

30 ml/2 cullerades de llet

15–30 ml / 1–2 cullerades de farina (tot ús)

Poseu les ametlles, la mantega o la margarina, el sucre i la llet en una cassola amb 15 ml/1 cullerada de farina. Escalfeu suaument, remenant, fins que quedi barrejat, afegint-hi la farina restant si cal per mantenir la barreja. Col·loqueu les culleres ben separades en una safata de forn untada i enfarinada i coure al forn preescalfat a 180 °C/350 °F/gas marca 4 durant 8 minuts fins que estigui lleugerament daurat. Deixeu refredar a la safata de forn uns 30 segons i, a continuació, doneu forma a rínxols al voltant del mànec d'una cullera de fusta. Si es refreden massa per donar-li forma, torneu-los al forn uns segons perquè es tornen a escalfar abans de donar forma a la resta.

anells d'ametlla

Fa 24

100 g/4 oz/½ tassa de mantega o margarina, suavitzada

100 g/4 oz/½ tassa de sucre (superfi).

1 ou, separat

225 g/8 oz/2 tasses de farina normal (tot ús)

5 ml/1 culleradeta de llevat en pols

5 ml/1 culleradeta de ratlladura de llimona ratllada

50 g/2 oz/½ tassa d'ametlles tallades (esqueixades).

Sucre llustre (superfi) per espolvorear

Bateu la mantega o la margarina i el sucre fins que quedi lleugera i esponjosa. A poc a poc, anem incorporant el rovell d'ou i, tot seguit, la farina, el llevat i la ratlladura de llimona, treballant amb les mans fins que quedi ben integrat. Estireu fins a un gruix de 5 mm i talleu-los en rodons de 6 cm amb un talla galetes (galetes), després retalleu els centres amb un tallador de 2 cm. Col·loqueu les galetes ben separades en una safata de forn untada i punxeu-les amb una forquilla. Coure al forn preescalfat a 180 °C/350 °F/gas marca 4 durant 10 minuts. Pinteu amb clara d'ou, empolvoreu amb ametlla i sucre i després torneu-ho al forn durant 5 minuts més fins que estigui daurat lleugerament.

Esquerdes d'ametlla mediterrànies

Fa 24

2 ous, separats

175 g/6 oz/1 tassa de sucre llustre, tamisat

10 ml/2 culleradetes de llevat en pols

Ralladura de ½ llimona ratllada

Unes gotes d'essència de vainilla (extracte)

400 g/14 oz/3½ tasses d'ametlla mòlta

Bateu els rovells i una clara d'ou amb el sucre fins que estiguin pàl·lids i esponjosos. Incorporeu tots els altres ingredients i barregeu-los fins a obtenir una massa ferma. Enrotlleu boles de la mida d'una nou i poseu-les sobre una safata de forn untada (galetes), prement suaument per aplanar-les. Coure al forn preescalfat a 180 ° C / 350 ° F / marca de gas 4 durant 15 minuts fins que estigui daurat i esquerdat a la superfície.

Galetes d'ametlla i xocolata

Fa 24

50 g/2 oz/¼ tassa de mantega o margarina, suavitzada

75 g/3 oz/1/3 tassa de sucre (superfí).

1 ou petit, batut

100 g / 4 oz / 1 tassa de farina normal (tot ús)

2,5 ml/½ culleradeta de llevat en pols

25 g/1 oz/¼ tassa d'ametlles mòltes

25 g/1 oz/¼ tassa de xocolata negra (semidolça), ratllada

Bateu la mantega o la margarina i el sucre fins que quedi lleugera i esponjosa. Batre l'ou a poc a poc i, a continuació, remenar la resta d'ingredients fins que es formi una massa bastant ferma. Si la barreja està massa humida, afegiu-hi una mica més de farina. Embolicar amb paper film (embolcall de plàstic) i deixar refredar durant 30 minuts.

Enrotlleu la massa en forma de cilindre i talleu-la a rodanxes d'1 cm/½. Col·loqueu, ben espaiats, sobre una safata de forn untada (galetes) i coure al forn preescalfat a 190 °C/375 °F/gas marca 5 durant 10 minuts.

Galetes de fruita amish i fruits secs

Fa 24

100 g/4 oz/½ tassa de mantega o margarina, suavitzada

175 g/6 oz/¾ tassa de sucre llustre (superfi).

1 ou

75 ml/5 cullerades de llet

75 g/3 oz/¼ tassa de melassa negra (melassa)

250 g / 9 oz / 2¼ tasses de farina normal (tot ús)

10 ml/2 culleradetes de llevat en pols

15 ml/1 cullerada de canyella mòlta

10 ml/2 culleradetes de bicarbonat (bicarbonat de sodi)

2,5 ml/½ culleradeta de nou moscada ratllada

50 g/2 oz/½ tassa de farina de civada mitjana

50 g/2 oz/1/3 tassa de panses

25 g/1 oz/¼ tassa de fruits secs barrejats picats

Bateu la mantega o la margarina i el sucre fins que quedi lleugera i esponjosa. Batre l'ou a poc a poc, després la llet i el xarop. Incorporeu-hi la resta d'ingredients i amasseu-los en una massa ferma. Afegiu-hi una mica més de llet si la barreja és massa dura per treballar, o una mica més de farina si queda massa enganxosa; la textura depèn de la farina que utilitzeu. Estireu la massa fins a un gruix d'uns 5 mm i retalleu cercles amb un talla galetes. Col·locar en una safata de forn untada (galetes) i coure al forn preescalfat a 180 °C/350 °F/gas marca 4 durant 10 minuts fins que estigui daurat.

Galetes d'anís

Fa 16

175 g/6 oz/¾ tassa de sucre llustre (superfi).

2 clares d'ou

1 ou

100 g / 4 oz / 1 tassa de farina normal (tot ús)

5 ml/1 culleradeta d'anís mòlt

Batem el sucre, la clara i l'ou durant 10 minuts. Afegiu-hi la farina a poc a poc i remeneu-hi l'anís. Col·loqueu la barreja en un motlle de 450 g/1lb i poseu-lo al forn preescalfat a 180 °C/350 °F/Gas Mark 4 durant 35 minuts fins que una broqueta introduïda al centre surti net. Traieu del motlle i talleu-los a rodanxes d'1 cm/½. Col·loqueu les galetes (galetes) als seus costats sobre una safata de forn (galetes) untada i torneu-ho al forn durant 10 minuts més, donant-li la volta a la meitat.

Galetes de plàtan, civada i suc de taronja

Fa 24

100 g/4 oz/½ tassa de mantega o margarina, suavitzada

100 g de plàtans madurs, triturats

120 ml/4 fl oz/½ tassa de suc de taronja

4 clares d'ou, lleugerament batuda

10 ml/2 culleradetes d'essència de vainilla (extracte)

5 ml/1 culleradeta de pell de taronja ratllada finament

225 g/8 oz/2 tasses de farina de civada

225 g/8 oz/2 tasses de farina normal (tot ús)

5 ml/1 culleradeta de bicarbonat (bicarbonat de sodi)

5 ml/1 culleradeta de nou moscada ratllada

Un polsim de sal

Bateu la mantega o la margarina fins que estiguin suaus i, a continuació, afegiu-hi els plàtans i el suc de taronja. Barregeu les clares, l'essència de vainilla i la ratlladura de taronja i remeneu-ho a la barreja de plàtan, seguit de la resta d'ingredients. Aboqueu cullerades sobre paper de forn (galetes) i poseu-les al forn preescalfat a 180 °C/350 °F/gas marca 4 durant 20 minuts fins que estiguin daurades.

Cookies bàsiques

Fa 40

100 g/4 oz/½ tassa de mantega o margarina, suavitzada

100 g/4 oz/½ tassa de sucre (superfi).

1 ou, batut

5 ml/1 culleradeta d'essència de vainilla (extracte)

225 g/8 oz/2 tasses de farina normal (tot ús)

Bateu la mantega o la margarina i el sucre fins que quedi lleugera i esponjosa. Batre l'ou i l'essència de vainilla a poc a poc, després incorporar la farina i amassar fins a obtenir una massa llisa. Feu una bola, emboliqueu amb paper film (embolcall de plàstic) i deixeu-ho refredar durant 1 hora.

Estireu la massa fins a un gruix de 5 mm i retalleu cercles amb un talla galetes. Col·locar en una safata de forn untada (galetes) i coure al forn preescalfat a 200 °C/400 °F/gas marca 6 durant 10 minuts fins que estigui daurat. Deixeu refredar a la safata durant 5 minuts abans de passar a una reixeta perquè es refredi.

Galetes de segó cruixents

Fa 16

100 g / 4 oz / 1 tassa de farina integral (integral).

100 g/4 oz/½ tassa de sucre moreno suau

25 g/1 oz/¼ tassa de farina de civada

25 g/1 oz/½ tassa de segó

5 ml/1 culleradeta de bicarbonat (bicarbonat de sodi)

5 ml/1 culleradeta de gingebre en pols

100 g/4 oz/½ tassa de mantega o margarina

15 ml/1 cullerada de xarop daurat (blat de moro clar).

15 ml/1 cullerada de llet

Barregeu els ingredients secs junts. Desfeu la mantega amb l'almívar i la llet i després barregeu-la amb els ingredients secs per formar una massa ferma. Col·loqueu cullerades de la barreja de galetes en una safata de forn untada i coure al forn preescalfat a 160 °C/325 °F/marca de gas 3 durant 15 minuts fins que estiguin daurades.

Galetes de segó de sèsam

Fa 12

225 g / 8 oz / 2 tasses de farina de blat integral (integral).

5 ml/1 culleradeta de llevat en pols

25 g/1 oz/½ tassa de segó

Un polsim de sal

50 g/2 oz/¼ tassa de mantega o margarina

45 ml/3 cullerades de sucre morena suau

45 ml/3 cullerades de sultanes (panses daurades)

1 ou, lleugerament batut

120 ml/4 fl oz/½ tassa de llet

45 ml / 3 cullerades de llavors de sèsam

Barregeu la farina, el llevat en pols, el segó i la sal i fregueu-hi la mantega o la margarina fins que la barreja sembli pa ratllat. Incorporeu-hi el sucre i les sultanes, barregeu-hi l'ou i la llet suficient per formar una massa suau però no enganxosa. Estireu fins a 1 cm de gruix i retalleu cercles amb un talla-galetes. Posar en una safata de forn untada, pinzellar amb llet i espolvorear amb llavors de sèsam. Coure al forn preescalfat a 220 °C/425 °F/gas marca 7 durant 10 minuts fins que estigui daurat.

Galetes de brandi amb comí

Fa 30

25 g/2 cullerades de mantega o margarina, suavitzada

75 g/3 oz/1/3 tassa de sucre morena suau

ou

10 ml/2 culleradetes de conyac

175 g/6 oz/1½ tasses de farina (tot ús)

10 ml/2 culleradetes de llavors de comí

5 ml/1 culleradeta de llevat en pols

Un polsim de sal

Bateu la mantega o la margarina i el sucre fins que quedi lleugera i esponjosa. Batre a poc a poc l'ou i el brandi, després remenar la resta d'ingredients i barrejar fins a obtenir una massa ferma. Embolicar amb paper film (embolcall de plàstic) i deixar refredar durant 30 minuts.

Estireu la massa sobre una superfície lleugerament enfarinada fins a uns 3 mm de gruix i talleu cercles amb un talla galetes. Col·loqueu les galetes en una safata de forn untada i coure al forn preescalfat a 200 °C/400 °F/gas marca 6 durant 10 minuts.

Brandy Snaps

Fa 30

100 g/4 oz/½ tassa de mantega o margarina

100 g / 4 oz / 1/3 tassa de xarop daurat (blat de moro clar).

100 g/4 oz/½ tassa de sucre demerara

100 g / 4 oz / 1 tassa de farina normal (tot ús)

5 ml/1 cullerradeta de gingebre en pols

5 ml/1 cullerradeta de suc de llimona

Desfeu la mantega o la margarina, el xarop i el sucre en una paella. Deixeu refredar una mica i, després, afegiu-hi la farina i el gingebre, i després el suc de llimona. Aboqueu culleradetes de la barreja a 10 cm de distància sobre safates de forn untades (galetes) i poseu-les al forn preescalfat a 180 °C/350 °F/gas marca 4 durant 8 minuts fins que estiguin daurades. Deixeu refredar un minut, després aixequeu una rodanxa de la safata i enrotlleu el mànec untat d'una cullera de fusta. Traieu el mànec de la cullera i refredeu-lo sobre una reixeta. Si els broquets es posen massa durs abans de donar-los forma, torneu-los al forn durant un minut perquè s'escalfin i s'estovin.

Galetes de mantega

Fa 24

100 g/4 oz/½ tassa de mantega o margarina, suavitzada

50 g/2 oz/¼ tassa de sucre llustre (superfí)

Ralladura d'1 llimona ratllada

150 g/5 oz/1¼ tasses de farina autolevant

Bateu la mantega o la margarina i el sucre fins que quedi lleugera i esponjosa. Treballeu amb la ratlladura de llimona i remeneu-hi la farina fins que estigui rígida. Formeu boles grans de la mida d'una nou i disposeu-les ben separades sobre una safata de forn untada (galetes), després premeu lleugerament amb una forquilla per aplanar-les. Coure les galetes (galetes) al forn preescalfat a 180 °C/350 °F/gas marca 4 durant 15 minuts fins que estiguin daurades.

Galetes de mantega

Fa 40

100 g/4 oz/½ tassa de mantega o margarina, suavitzada

100 g/4 oz/½ tassa de sucre marró suau fosc

1 ou, batut

1,5 ml/¼ culleradeta d'essència de vainilla (extracte)

225 g/8 oz/2 tasses de farina normal (tot ús)

7,5 ml/1½ culleradeta de llevat en pols

Un polsim de sal

Bateu la mantega o la margarina i el sucre fins que quedi lleugera i esponjosa. A poc a poc anem incorporant l'ou i l'essència de vainilla. Barregeu la farina, el llevat i la sal. Forma la massa en tres rotllos d'uns 5 cm/2 de diàmetre, embolcalla amb film transparent (embolcall de plàstic) i refrigera durant 4 hores o tota la nit.

Talleu a rodanxes de 3 mm/1/8 de gruix i poseu-les sobre safates de forn sense greix. Coure les galetes (galetes) al forn preescalfat a 190 °C/375 °F/gas marca 5 durant 10 minuts fins que estiguin lleugerament daurades.

Galetes de caramel

Fa 30

50 g/2 oz/¼ tassa de mantega o margarina, suavitzada

50 g/2 oz/¼ tassa de llard de porc (escurçament)

225 g/8 oz/1 tassa de sucre moreno suau

1 ou, lleugerament batut

175 g/6 oz/1½ tasses de farina (tot ús)

1,5 ml/¼ culleradeta de bicarbonat (bicarbonat de sodi)

1,5 ml/¼ culleradeta de crema de tàrtar

Un polsim de nou moscada ratllada

10 ml/2 culleradeta d'aigua

2,5 ml/½ culleradeta d'essència de vainilla (extracte)

Bateu la mantega o la margarina, el llard i el sucre fins que quedi lleuger i esponjós. Batre l'ou a poc a poc. Incorporeu la farina, el refresc, la crema de tàrtar i la nou moscada, afegiu-hi l'aigua i l'essència de vainilla i barregeu-ho fins a obtenir una massa suau. Enrotllar en forma de botifarra, embolicar amb film transparent (embolcall de plàstic) i refrigerar durant almenys 30 minuts, preferiblement més temps.

Talleu la massa a rodanxes d'1 cm/½ i poseu-les en una safata de forn untada (galetes). Coure les galetes (galetes) al forn preescalfat a 180 °C/350 °F/gas marca 4 durant 10 minuts fins que estiguin daurades.

Galetes de pastanaga i nous

Fa 48

175 g/6 oz/¾ tassa de mantega o margarina, suavitzada

100 g/4 oz/½ tassa de sucre moreno suau

50 g/2 oz/¼ tassa de sucre llustre (superfí).

1 ou, lleugerament batut

225 g/8 oz/2 tasses de farina normal (tot ús)

5 ml/1 culleradeta de llevat en pols

2,5 ml/½ culleradeta de sal

100 g/4 oz/½ tassa de puré de pastanagues cuites

100 g / 4 oz / 1 tassa de nous, picades

Bateu la mantega o la margarina i els sucres fins que quedi lleugera i esponjosa. Batre l'ou a poc a poc, després incorporar la farina, el llevat i la sal. Incorporeu-hi el puré de pastanagues i nous. Aboqueu cullerades petites sobre una safata de forn untada amb greix i enforneu-les en un forn preescalfat a 200 °C/400 °F/gas marca 6 durant 10 minuts.

Galetes de pastanaga i nous amb gelat de taronja

Fa 48

Per a les galetes (galetes):

175 g/6 oz/¾ tassa de mantega o margarina, suavitzada

100 g/4 oz/½ tassa de sucre (superfi).

50 g/2 oz/¼ tassa de sucre morena suau

1 ou, lleugerament batut

225 g/8 oz/2 tasses de farina normal (tot ús)

5 ml/1 culleradeta de llevat en pols

2,5 ml/½ culleradeta de sal

5 ml/1 culleradeta d'essència de vainilla (extracte)

100 g / tassa de puré de pastanagues cuites

100 g / 4 oz / 1 tassa de nous, picades

Per a la cobertura (glaçat):

175 g/6 oz/1 tassa de sucre llustre, tamisat

10 ml/2 culleradetes de pell de taronja ratllada

30 ml/2 cullerades de suc de taronja

Per a les galetes, batem la mantega o la margarina i els sucres fins que quedi lleugera i esponjosa. Batre l'ou a poc a poc, després incorporar la farina, el llevat i la sal. Incorporeu l'essència de vainilla, la pastanaga feta en puré i les nous. Aboqueu cullerades petites sobre una safata de forn untada amb greix i enforneu-les en un forn preescalfat a 200 °C/400 °F/gas marca 6 durant 10 minuts.

Per a l'esmalt, poseu el sucre llustre en un bol, remeneu-hi la ratlladura de taronja i feu un pou al centre. A poc a poc aneu incorporant el suc de taronja, a poc a poc, fins que quedeu un glasejat suau però força espes. Repartiu les galetes mentre encara estiguin calentes, deixeu-les refredar i coeu.

Galetes de cireres

Fa 48

100 g/4 oz/½ tassa de mantega o margarina, suavitzada

100 g/4 oz/½ tassa de sucre (superfí).

1 ou, batut

5 ml/1 culleradeta d'essència de vainilla (extracte)

225 g/8 oz/2 tasses de farina normal (tot ús)

50 g/2 oz/¼ tassa de cireres glaçades (confitades), picades

Bateu la mantega o la margarina i el sucre fins que quedi lleugera i esponjosa. Batre a poc a poc l'ou i l'essència de vainilla, després incorporar la farina i les cireres i amassar fins a obtenir una massa llisa. Feu una bola, emboliqueu amb paper film (embolcall de plàstic) i deixeu-ho refredar durant 1 hora.

Estireu la massa fins a un gruix de 5 mm i retalleu cercles amb un talla galetes. Col·locar en una safata de forn untada (galetes) i coure al forn preescalfat a 200 °C/400 °F/gas marca 6 durant 10 minuts fins que estigui daurat. Deixeu refredar a la safata durant 5 minuts abans de passar a una reixeta perquè es refredi.

Anells de cirera i ametlla

Fa 24

100 g/4 oz/½ tassa de mantega o margarina, suavitzada

100 g / 4 oz / ½ tassa de sucre (superfi), més un extra per ruixar

1 ou, separat

225 g/8 oz/2 tasses de farina normal (tot ús)

5 ml/1 culleradeta de llevat en pols

5 ml/1 culleradeta de ratlladura de llimona ratllada

60 ml/4 cullerades de cireres glaçades (confitades).

50 g/2 oz/½ tassa d'ametlles tallades (esqueixades).

Bateu la mantega o la margarina i el sucre fins que quedi lleugera i esponjosa. A poc a poc anem incorporant el rovell de l'ou, i després la farina, el llevat, la ratlladura de llimona i les cireres, treballant amb les mans fins que la mescla espesseixi. Estireu fins a un gruix de 5 mm i talleu-los en rodons de 6 cm amb un talla galetes (galetes), després retalleu els centres amb un tallador de 2 cm. Col·loqueu les galetes ben separades en una safata de forn untada i punxeu-les amb una forquilla. Coure al forn preescalfat a 180 °C/350 °F/gas marca 4 durant 10 minuts. Pinteu amb clara d'ou i empolseu-ho amb les ametlles i el sucre, després torneu-ho al forn durant 5 minuts més fins que estigui daurat.

Galetes de mantega de xocolata

Fa 24

100 g/4 oz/½ tassa de mantega o margarina

50 g/2 oz/¼ tassa de sucre llustre (superfi).

100 g / 4 oz / 1 tassa de farina autolevant

30 ml/2 cullerades de cacau en pols (xocolata sense sucre)

Bateu la mantega o la margarina i el sucre fins que quedi lleugera i esponjosa. Incorporeu-hi la farina i el cacau fins que estigui ferm. Formeu boles grans de la mida d'una nou i disposeu-les ben separades sobre una safata de forn untada (galetes), després premeu lleugerament amb una forquilla per aplanar-les. Coure les galetes (galetes) al forn preescalfat a 180 °C/350 °F/gas marca 4 durant 15 minuts fins que estiguin daurades.

Bollos de xocolata i cireres

Fa 24

100 g/4 oz/½ tassa de mantega o margarina, suavitzada

100 g/4 oz/½ tassa de sucre (superfí).

1 ou

2,5 ml/½ culleradeta d'essència de vainilla (extracte)

225 g/8 oz/2 tasses de farina normal (tot ús)

5 ml/1 culleradeta de llevat en pols

Un polsim de sal

25 g/1 oz/¼ tassa de cacau en pols (xocolata sense sucre)

25 g/2 cullerades de cireres confitades (confitades), picades

Bateu la mantega i el sucre fins que quedi lleuger i esponjós. A poc a poc, anem incorporant l'ou i l'essència de vainilla i, després, la farina, el llevat i la sal fins a formar una massa ferma. Partiu la massa per la meitat i barregeu el cacau per una meitat i les cireres per l'altra meitat. Embolicar amb paper film (embolcall de plàstic) i deixar refredar durant 30 minuts.

Estireu cada tros de massa formant un rectangle d'uns 3 mm/1/8 de gruix, col·loqueu un tros sobre l'altre i premeu suaument amb el corró. Enrotlleu des del costat més llarg i premeu suaument. Talleu a rodanxes gruixudes d'1 cm/½ i disposeu, ben espaiats, sobre una safata de forn untada. Coure al forn preescalfat a 200 °C/400 °F/gas marca 6 durant 10 minuts.

Galetes amb trossets de xocolata

Fa 24

75 g/3 oz/1/3 tassa de mantega o margarina

175 g/6 oz/1½ tasses de farina (tot ús)

5 ml/1 culleradeta de llevat en pols

Una mica de bicarbonat de sodi (bicarbonat de sodi)

50 g/2 oz/¼ tassa de sucre morena suau

45 ml/3 cullerades de xarop daurat (blat de moro clar).

100 g / 4 oz / 1 tassa de xips de xocolata

Fregueu la mantega o la margarina amb la farina, el llevat i el bicarbonat fins que la barreja sembli pa ratllat. Incorporeu-hi el sucre, el xarop i les xips de xocolata i barregeu-ho fins que quedi homogeni. Formeu boles petites i poseu-les sobre una safata de forn untada (galetes), prement lleugerament per aplanar. Coure les galetes (galetes) al forn preescalfat a 190 °C/375 °F/gas marca 5 durant 15 minuts fins que estiguin daurades.

Galetes de xocolata i plàtan

Fa 24

75 g/3 oz/1/3 tassa de mantega o margarina

175 g/6 oz/1½ tasses de farina (tot ús)

5 ml/1 culleradeta de llevat en pols

2,5 ml/½ culleradeta de bicarbonat (bicarbonat de sodi)

50 g/2 oz/¼ tassa de sucre morena suau

45 ml/3 cullerades de xarop daurat (blat de moro clar).

50 g/2 oz/½ tassa de xips de xocolata

50 g/2 oz/½ tassa de patates fregides de plàtan sec, tallades gruixudes

Fregueu la mantega o la margarina amb la farina, el llevat i el bicarbonat fins que la barreja sembli pa ratllat. Incorporeu-hi el sucre, l'almívar, la xocolata i els xips de plàtan i barregeu-ho fins que quedi suau. Formeu boles petites i poseu-les sobre una safata de forn untada (galetes), prement lleugerament per aplanar. Coure les galetes (galetes) al forn preescalfat a 190 °C/375 °F/gas marca 5 durant 15 minuts fins que estiguin daurades.

Aperitius de xocolata i fruits secs

Fa 24

50 g/2 oz/¼ tassa de mantega o margarina, suavitzada

175 g/6 oz/¾ tassa de sucre llustre (superfí).

1 ou

5 ml/1 culleradeta d'essència de vainilla (extracte)

25 g/1 oz/¼ tassa de xocolata negra (semidolça), fosa

100 g / 4 oz / 1 tassa de farina normal (tot ús)

5 ml/1 culleradeta de llevat en pols

Un polsim de sal

30 ml/2 cullerades de llet

25 g/1 oz/¼ tassa de fruits secs barrejats picats

Sucre llustre (de pastisseria), tamisat, per empolsar

Bateu la mantega o la margarina i el sucre llustre fins que estigui lleuger i airejat. A poc a poc anem incorporant l'ou i l'essència de vainilla i, a continuació, remenem la xocolata. Barrejar la farina, el llevat i la sal i barrejar alternativament amb la llet a la barreja. Incorporeu-hi els fruits secs, tapeu i deixeu-ho a la nevera durant 3 hores.

Enrotlleu la barreja en boles de 3 cm/1½ i enrotlleu-les amb el sucre llustre. Col·loqueu en una safata de forn lleugerament untada (galetes) i coure al forn preescalfat a 180 °C/350 °F/gas marca 4 durant 15 minuts fins que estigui lleugerament daurat. Servir espolvorat amb sucre en pols.

Galetes americanes amb xips de xocolata

Fa 20

225 g/8 oz/1 tassa de llard de porc (escurçament)

225 g/8 oz/1 tassa de sucre moreno suau

100 g/4 oz/½ tassa de sucre granulat

5 ml/1 culleradeta d'essència de vainilla (extracte)

2 ous, lleugerament batuts

175 g/6 oz/1½ tasses de farina (tot ús)

5 ml/1 culleradeta de sal

5 ml/1 culleradeta de bicarbonat (bicarbonat de sodi)

225 g/8 oz/2 tasses de farina de civada

350 g/12 oz/3 tasses de xips de xocolata

Bateu el llard, els sucres i l'essència de vainilla fins que quedi lleuger i esponjós. Batre els ous a poc a poc. Incorporeu-hi la farina, la sal, el bicarbonat de sodi i la civada i, a continuació, afegiu-hi les xips de xocolata. Col·loqueu cullerades de la barreja sobre safates de forn untades i coure-les en un forn preescalfat a 180 °C/350 °F/gas marca 4 durant uns 10 minuts fins que estiguin daurades.

Cremes de xocolata

Fa 24

175 g/6 oz/¾ tassa de mantega o margarina, suavitzada

175 g/6 oz/¾ tassa de sucre llustre (superfí).

225 g / 8 oz / 2 tasses de farina autolevant

75 g/3 oz/¾ tassa de coco sec (rallat).

100 g/4 oz/4 tasses de flocs de blat de moro, triturats

25 g/1 oz/¼ tassa de cacau en pols (xocolata sense sucre)

60 ml/4 cullerades d'aigua bullint

100 g/4 oz/1 tassa de xocolata negra (semidolça).

Remeneu la mantega o la margarina i el sucre i afegiu-hi la farina, el coco i els flocs de blat de moro. Barregeu el cacau amb l'aigua bullint i després remeneu-ho a la barreja. Feu boles de 2,5 cm/1 polzada, poseu-les en una safata de forn untada (galetes) i premeu lleugerament amb una forquilla per aplanar-les. Coure al forn preescalfat a 180 °C/350 °F/gas marca 4 durant 15 minuts fins que estigui daurat.

Desfeu la xocolata en un bol resistent a la calor sobre una cassola amb aigua a foc lent. Repartiu per la meitat de les galetes (galetes) i premeu l'altra meitat per sobre. Deixeu refredar.

galetes de xocolata i avellanes

Fa 16

200 g/7 oz/escaneig 1 tassa de mantega o margarina, suavitzada

50 g/2 oz/¼ tassa de sucre llustre (superfi).

100 g/4 oz/½ tassa de sucre moreno suau

10 ml/2 culleradetes d'essència de vainilla (extracte)

1 ou, batut

275 g/10 oz/2½ tasses de farina normal (tot ús)

50 g/2 oz/½ tassa de cacau en pols (xocolata sense sucre)

5 ml/1 culleradeta de llevat en pols

75 g/3 oz/¾ tassa d'avellanes

225 g / 8 oz / 2 tasses de xocolata blanca, picada

Bateu la mantega o la margarina, els sucres i l'essència de vainilla fins que quedi pàl·lid i esponjós i bateu-hi l'ou. Incorporeu-hi la farina, el cacau i el llevat. Incorporeu-hi els fruits secs i la xocolata fins que la barreja s'uneixi. Formeu 16 boles i poseu-les uniformement sobre una safata de forn (galetes) untada amb paper de forn, després aplaneu-les lleugerament amb el dors d'una cullera. Coure al forn preescalfat a 160 °C/325 °F/gas marca 3 durant uns 15 minuts fins que estigui ferm però encara una mica tou.

Galetes amb xocolata i nou moscada

Fa 24

50 g/2 oz/¼ tassa de mantega o margarina, suavitzada

100 g/4 oz/½ tassa de sucre (superfí).

15 ml/1 cullerada de cacau en pols (xocolata sense sucre)

1 rovell d'ou

2,5 ml/½ culleradeta d'essència de vainilla (extracte)

150 g/5 oz/1¼ tasses de farina normal (tot ús)

5 ml/1 culleradeta de llevat en pols

Un polsim de nou moscada ratllada

60 ml/4 cullerades de crema agra (lactia).

Bateu la mantega o la margarina i el sucre fins que quedi lleugera i esponjosa. Barrejar-hi el cacau. Batre el rovell d'ou i l'essència de vainilla, després remenar la farina, el llevat i la nou moscada. Barregeu la crema fins que quedi suau. Tapa i deixa refredar.

Estireu la massa fins a un gruix de 5 mm i retalleu-la amb un tallador de 5 cm. Col·loqueu les galetes (galetes) en una safata de forn (galetes) sense greix i coure-les al forn preescalfat a 200 °C/400 °F/gas marca 6 durant 10 minuts fins que estiguin daurades.

Galetes amb cobertura de xocolata

Fa 16

175 g/6 oz/¾ tassa de mantega o margarina, suavitzada

75 g/3 oz/1/3 tassa de sucre (superfí).

175 g/6 oz/1½ tasses de farina (tot ús)

50 g/2 oz/½ tassa d'arròs mòlt

75 g/3 oz/¾ tassa de xips de xocolata

100 g/4 oz/1 tassa de xocolata negra (semidolça).

Bateu la mantega o la margarina i el sucre fins que quedi lleugera i esponjosa. Barregeu la farina i l'arròs mòlt i afegiu-hi les xips de xocolata. Premeu-lo en un motlle de rotlle suís untat (paella de gelatina) i punxeu-lo amb una forquilla. Coure al forn preescalfat a 160 °C/325 °F/gas marca 3 durant 30 minuts fins que estigui daurat. Marqueu amb els dits mentre encara estigui calent i deixeu-ho refredar completament.

Desfeu la xocolata en un bol resistent a la calor sobre una cassola amb aigua a foc lent. Repartiu-ho entre les galetes (galetes) i deixeu-ho refredar i cuit abans de tallar-les a dits. Emmagatzemar en un recipient hermètic.

Galetes d'entrepà amb cafè i xocolata

Fa 40

Per a les galetes (galetes):

175 g/6 oz/¾ tassa de mantega o margarina

25 g/1 oz/2 cullerades de llard de porc (escurçament)

450 g / 1 lb / 4 tasses de farina normal (tot ús)

Un polsim de sal

100 g/4 oz/½ tassa de sucre moreno suau

5 ml/1 culleradeta de bicarbonat (bicarbonat de sodi)

60 ml/4 cullerades de cafè negre fort

5 ml/1 culleradeta d'essència de vainilla (extracte)

100 g / 4 oz / 1/3 tassa de xarop daurat (blat de moro clar).

Per al farcit:

10 ml/2 culleradetes de cafè instantani en pols

10 ml/2 culleradetes d'aigua bullint

50 g/2 oz/¼ tassa de sucre llustre (superfi).

25 g/2 cullerades de mantega o margarina

15 ml/1 cullerada de llet

Per fer les galetes, fregueu la mantega o la margarina i el llard amb la farina i la sal fins que la barreja sembli pa ratllat i, a continuació, afegiu-hi el sucre moreno. Barregeu el refresc amb una mica de cafè i, a continuació, remeneu la barreja a la resta del cafè, l'essència de vainilla i el xarop i barregeu-ho fins que quedi homogeni. Col·loqueu en un bol lleugerament untat d'oli, cobreixi amb paper film (embolcall de plàstic) i deixeu-ho durant la nit.

Sobre una superfície lleugerament enfarinada, estireu la massa a uns 1 cm de gruix i talleu-la en rectangles de 2 x 7,5 cm. Puntueu cadascun amb una forquilla per fer un patró de nervadures. Col·locar en una safata de forn untada (galetes) i coure al forn preescalfat a 200 °C/400 °F/gas marca 6 durant 10 minuts fins que estigui daurat. Deixeu refredar sobre una reixeta.

Per fer el farcit, dissoleu el cafè en pols en l'aigua bullint en una cassola petita, afegiu-hi els ingredients restants i deixeu-ho bullir. Cuinar durant 2 minuts, després retirar del foc i batre fins que estigui espessa i refreda. Entrepà parells de galetes juntament amb el farcit.

Galetes de Nadal

Fa 24

100 g/4 oz/½ tassa de mantega o margarina, suavitzada

100 g/4 oz/½ tassa de sucre (superfí).

225 g/8 oz/2 tasses de farina normal (tot ús)

Un polsim de sal

5 ml/1 culleradeta de canyella mòlta

1 rovell d'ou

10 ml/2 culleradetes d'aigua freda

Unes gotes d'essència de vainilla (extracte)

Per a la cobertura (glaçat):

225 g/8 oz/11/3 tasses de sucre en pols (refiteria), tamisat

30 ml/2 cullerades d'aigua

Colorant alimentari (opcional)

Bateu la mantega i el sucre fins que quedi lleuger i esponjós. Incorporeu la farina, la sal i la canyella, barregeu-hi el rovell d'ou, l'aigua i l'essència de vainilla i barregeu-ho fins a obtenir una massa ferma. Embolicar amb paper film (embolcall de plàstic) i deixar refredar durant 30 minuts.

Estireu la massa fins a un gruix de 5 mm/¼ i retalleu formes nadalenques amb uns talladors de galetes o un ganivet afilat. Fes un forat a la part superior de cada galeta si vols penjar-les d'un arbre. Col·loqueu els motlles en una safata de forn untada i coure al forn preescalfat a 200 °C/400 °F/gas marca 6 durant 10 minuts fins que estiguin daurats. Deixeu refredar.

Per fer la cobertura, barregem l'aigua amb el sucre llustre a poc a poc fins que quedi una cobertura força espessa. Acoloreix lots petits de diferents colors si ho desitja. Poseu els patrons de canonades a les galetes i deixeu-les reposar. Passeu un llaç de cinta o fil pel forat per penjar-lo.

Galetes de coco

Fa 32

50 g/2 oz/3 cullerades de xarop daurat (blat de moro clar).

150 g/5 oz/2/3 tassa de mantega o margarina

100 g/4 oz/½ tassa de sucre (superfí).

100 g / 4 oz / 1 tassa de farina normal (tot ús)

75 g/3 oz/¾ tassa de farina de civada

50 g/2 oz/½ tassa de coco sec (rallat).

10 ml/2 culleradetes de bicarbonat (bicarbonat de sodi)

15 ml/1 cullerada d'aigua calenta

Fondre el xarop, la mantega o la margarina i el sucre junts. Incorporeu-hi la farina, la civada i el coco dessecat. Barregeu el bicarbonat de sodi amb l'aigua calenta i remeneu-hi els altres ingredients. Deixeu refredar una mica la barreja, dividiu-la en 32 trossos i enrotlleu cadascuna en una bola. Aplanar les galetes (galetes) i disposar-les sobre safates de forn (galetes) untades. Coure al forn preescalfat a 160 °C/325 °F/gas marca 3 durant 20 minuts fins que estigui daurat.

Pastissos de blat de moro amb crema de fruites

Fa 12

150 g/5 oz/1¼ tasses de farina integral (integral).

150 g/5 oz/1¼ tasses de farina de blat de moro

10 ml/2 culleradetes de llevat en pols

Un polsim de sal

225 g/8 oz/1 tassa de iogurt

75 g/3 oz/¼ tassa de mel clara

2 ous

45 ml/3 cullerades d'oli

Per a la crema de fruites:
150 g/5 oz/2/3 tassa de mantega o margarina, suavitzada

Suc d'1 llimona

Unes gotes d'essència de vainilla (extracte)

30 ml/2 cullerades de sucre llustre (superfi).

225 g/8 oz de maduixes

Barregeu la farina, la farina de blat de moro, el llevat i la sal. Incorporeu el iogurt, la mel, els ous i l'oli i barregeu-ho fins que quedi homogeni. Estireu sobre una superfície lleugerament enfarinada fins a un gruix aproximadament d'1 cm i talleu-les en cercles grans. Col·locar en una safata de forn untada (galetes) i coure al forn preescalfat a 200 °C/400 °F/gas marca 6 durant 15 minuts fins que estigui daurat.

Per fer la crema de fruites, barregeu la mantega o la margarina, el suc de llimona, l'essència de vainilla i el sucre. Guardeu unes quantes maduixes per a la decoració, tritureu la resta i fregueu per un colador (tamís) si preferiu la crema sense llavors. Incorporeu-ho a la barreja de mantega i deixeu-ho refredar. Aboqueu o pipeteu una roseta de nata a cada galeta abans de servir.

Galetes còrniques

Fa 20

225 g / 8 oz / 2 tasses de farina autolevant

Un polsim de sal

100 g/4 oz/½ tassa de mantega o margarina

175 g/6 oz/2/3 tassa de sucre (superfi).

1 ou

Sucre llustre (de pastisseria), tamisat, per empolsar

Barregeu la farina i la sal en un bol, després fregueu-hi la mantega o la margarina fins que la barreja sembli pa ratllat. Incorporeu-hi el sucre. Incorporeu-hi l'ou i pasteu-lo en una massa suau. Estireu-la ben fina sobre una superfície lleugerament enfarinada i talleu-la en cercles.

Col·loqueu en una safata de forn untada i coure al forn preescalfat a 200 °C/400 °F/gas marca 6 durant uns 10 minuts fins que estiguin daurades.

Galetes integrals de grosella

Fa 36

100 g/4 oz/½ tassa de mantega o margarina, suavitzada

50 g/2 oz/¼ tassa de sucre demerara

2 ous, separats

100 g/4 oz/2/3 tassa de groselles

225 g / 8 oz / 2 tasses de farina de blat integral (integral).

100 g / 4 oz / 1 tassa de farina normal (tot ús)

5 ml/1 culleradeta d'espècies mòltes barrejades (pastís de poma).

150 ml/¼ pt/2/3 tassa de llet, més un extra per al raspallat

Bateu la mantega o la margarina i el sucre junts fins que quedi lleugera i esponjosa. Batre els rovells d'ou i remenar les groselles. Barregeu la farina i les herbes barrejades i incorporeu-hi la barreja amb la llet. Batre les clares fins que quedin pics suaus i després incorporar-les a la barreja per formar una massa suau. Estireu la massa sobre una superfície lleugerament enfarinada i després retalleu-la amb un talla-galetes de 5 cm. Col·loqueu sobre una safata de forn untada (galetes) i pinzelleu amb llet. Coure al forn preescalfat a 180 °C/350 °F/gas marca 4 durant 20 minuts fins que estigui daurat.

Galetes d'entrepà de dates

Fa 30

225 g/1 tassa de mantega o margarina, suavitzada

450 g/1 lb/2 tasses de sucre moreno suau

225 g/8 oz/2 tasses de farina de civada

225 g/8 oz/2 tasses de farina normal (tot ús)

2,5 ml/½ culleradeta de bicarbonat (bicarbonat de sodi)

Un polsim de sal

120 ml/4 fl oz/½ tassa de llet

225 g/8 oz/2 tasses de dàtils sense pinyol, picats molt finament

250 ml/8 fl oz/1 tassa d'aigua

Bateu la mantega o la margarina i la meitat del sucre fins que quedi lleugera i esponjosa. Barregeu els ingredients secs i afegiu-los a la mescla cremosa alternativament amb la llet fins a obtenir una massa ferma. Estirar sobre una taula lleugerament enfarinada i tallar cercles amb un talla-galetes. Col·locar en una safata de forn untada (galetes) i coure al forn preescalfat a 180 °C/350 °F/gas marca 4 durant 10 minuts fins que estigui daurat.

Poseu tots els altres ingredients en una cassola i deixeu-ho bullir. Reduir el foc i coure a foc lent durant 20 minuts fins que espesseixi, remenant de tant en tant. Deixeu refredar. Entreveu les galetes juntament amb el farcit.

Galetes digestives (galetes Graham)

Fa 24

175 g/6 oz/1½ tasses de farina de blat integral (integral).

50 g/2 oz/½ tassa de farina normal (tot ús)

50 g/2 oz/½ tassa de farina de civada mitjana

2,5 ml/½ culleradeta de sal

5 ml/1 culleradeta de llevat en pols

100 g/4 oz/½ tassa de mantega o margarina

30 ml/2 cullerades de sucre moreno suau

60 ml / 4 cullerades de llet

Barregeu la farina, la civada, la sal i el llevat en pols, després fregueu la mantega o la margarina i barregeu-hi el sucre. Afegiu la llet a poc a poc i barregeu-la fins a obtenir una massa suau. Pastar bé fins que ja no quedi enganxós. Estireu a 5 mm/¼ de gruix i talleu-los en cercles de 5 cm/2 amb un talla-galetes. Posar en una safata de forn untada (galetes) i coure al forn preescalfat a 180 °C/350 °F/gas marca 4 durant uns 15 minuts.

Galetes de Pasqua

Fa 20

75 g/3 oz/1/3 tassa de mantega o margarina, suavitzada

100 g/4 oz/½ tassa de sucre (superfí).

1 rovell d'ou

150 g / 6 oz / 1½ tasses de farina d'elevació automàtica

5 ml/1 culleradeta d'espècies mòltes barrejades (pastís de poma).

15 ml/1 cullerada de pela barrejada (confitada) picada

50 g/2 oz/1/3 tassa de groselles

15 ml/1 cullerada de llet

Sucre llustre (superfí) per espolvorear

Bateu la mantega o la margarina i el sucre fins que quedi cremós. Batre el rovell d'ou, després incorporar la farina i les herbes barrejades. Incorporeu-hi la ratlladura i les groselles amb prou llet per fer una massa ferma. Estireu a uns 5 mm/¼ de gruix i talleu-los en cercles de 5 cm/2 amb un talla-galetes. Poseu les galetes en una safata de forn untada (galetes) i punxeu-les amb una forquilla. Coure al forn preescalfat a 180 °C/350 °F/gas marca 4 durant uns 20 minuts fins que estiguin daurats. Espolvorear amb sucre.

florentins

Fa 40

100 g/4 oz/½ tassa de mantega o margarina

100 g/4 oz/½ tassa de sucre (superfí).

15 ml/1 cullerada de nata doble (pesa).

100 g/4 oz/1 tassa de fruits secs barrejats picats

75 g/3 oz/½ tassa de sultanes (panses daurades)

50 g/2 oz/¼ tassa de cireres glaçades (confitades).

Desfeu la mantega o la margarina, el sucre i la nata en una cassola a foc lent. Retirar del foc i remenar-hi els fruits secs, les sultanes i les cireres glasejades. Dissoleu bé les culleradetes en safates de forn (galetes) untades amb paper d'arròs. Coure al forn preescalfat a 180 °C/350 °F/gas marca 4 durant 10 minuts. Deixeu refredar sobre les làmines durant 5 minuts, després poseu-les sobre una reixeta perquè es refredi, tallant l'excés de paper d'arròs.

Florentins de xocolata

Fa 40

100 g/4 oz/½ tassa de mantega o margarina

100 g/4 oz/½ tassa de sucre (superfí).

15 ml/1 cullerada de nata doble (pesa).

100 g/4 oz/1 tassa de fruits secs barrejats picats

75 g/3 oz/½ tassa de sultanes (panses daurades)

50 g/2 oz/¼ tassa de cireres glaçades (confitades).

100 g/4 oz/1 tassa de xocolata negra (semidolça).

Desfeu la mantega o la margarina, el sucre i la nata en una cassola a foc lent. Retirar del foc i remenar-hi els fruits secs, les sultanes i les cireres glasejades. Dissoleu bé les culleradetes en safates de forn (galetes) untades amb paper d'arròs. Coure al forn preescalfat a 180 °C/350 °F/gas marca 4 durant 10 minuts. Deixeu refredar sobre les làmines durant 5 minuts, després poseu-les sobre una reixeta perquè es refredi, tallant l'excés de paper d'arròs.

Desfeu la xocolata en un bol resistent a la calor sobre una cassola amb aigua a foc lent. Repartiu-ho entre les galetes (galetes) i deixeu-ho refredar i coeu.

Xocolata de luxe florentina

Fa 40

100 g/4 oz/½ tassa de mantega o margarina

100 g/4 oz/½ tassa de sucre moreno suau

15 ml/1 cullerada de nata doble (pesa).

50 g/2 oz/¼ tassa d'ametlles, picades

50 g/2 oz/¼ tassa d'avellanes, picades

75 g/3 oz/½ tassa de sultanes (panses daurades)

50 g/2 oz/¼ tassa de cireres glaçades (confitades).

100 g/4 oz/1 tassa de xocolata negra (semidolça).

50 g/2 oz/½ tassa de xocolata blanca

Desfeu la mantega o la margarina, el sucre i la nata en una cassola a foc lent. Retirar del foc i remenar-hi els fruits secs, les sultanes i les cireres glasejades. Dissoleu bé les culleradetes en safates de forn (galetes) untades amb paper d'arròs. Coure al forn preescalfat a 180 °C/350 °F/gas marca 4 durant 10 minuts. Deixeu refredar sobre les làmines durant 5 minuts, després poseu-les sobre una reixeta perquè es refredi, tallant l'excés de paper d'arròs.

Desfeu la xocolata negra en un bol resistent a la calor sobre una cassola amb aigua a foc lent. Repartiu-ho entre les galetes (galetes) i deixeu-ho refredar i coeu. Foneu la xocolata blanca de la mateixa manera en un bol net i, a continuació, ruixeu línies de xocolata blanca sobre les galetes de manera aleatòria.

Galetes de fruita seca

Fa 30

75 g/3 oz/1/3 tassa de mantega o margarina, suavitzada

200 g/7 oz/escaneig 1 tassa (superfí) de sucre llustre

1 ou, lleugerament batut

100 g/4 oz/½ tassa de formatge cottage

5 ml/1 culleradeta d'essència de vainilla (extracte)

150 g/5 oz/1¼ tasses de farina normal (tot ús)

25 g/1 oz/¼ tassa de cacau en pols (xocolata sense sucre)

2,5 ml/½ culleradeta de llevat en pols

1,5 ml/¼ culleradeta de bicarbonat (bicarbonat de sodi)

Un polsim de sal

25 g/1 oz/¼ tassa de fruits secs barrejats picats

25 g/1 oz/2 cullerades de sucre granulat

Bateu la mantega o la margarina i el sucre llustre fins que estigui lleuger i airejat. Barrejar a poc a poc l'ou i el formatge cottage. Incorporeu-hi els ingredients restants, excepte el sucre granulat, i barregeu-los fins a obtenir una massa suau. Embolicar amb film transparent (embolcall de plàstic) i deixar refredar durant 1 hora.

Enrotlleu la massa en boles de la mida d'una nou i enrotlleu-les amb el sucre granulat. Col·loqueu les galetes (galetes) en una safata de forn (galetes) untada amb greix i coeu-les al forn preescalfat a 180°C/350°F/gas marca 4 durant 10 minuts.

Galetes de gelat alemany

Fa 12

50 g/2 oz/¼ tassa de mantega o margarina

100 g / 4 oz / 1 tassa de farina normal (tot ús)

25 g/1 oz/2 cullerades (superfi) de sucre llustre

60 ml/4 cullerades de melmelada de mores (en conserva)

100 g de sucre llustre (pastisser), tamisat

15 ml/1 cullerada de suc de llimona

Frega la mantega a la farina fins que la barreja sembli pa ratllat. Incorporeu-hi el sucre i premeu en una pasta. Enrotlleu fins a un gruix de 5 mm/¼ i retalleu cercles amb un talla-galetes. Col·locar en una safata de forn untada (galetes) i coure al forn preescalfat a 180 °C/350 °F/gas marca 6 durant 10 minuts fins que estigui fred. Deixeu refredar.

Entrepà parells de galetes juntament amb la melmelada. Poseu el sucre llustre en un bol i feu un pou al centre. Afegiu-hi el suc de llimona a poc a poc per fer una glaçada (glaçada). Escampeu les galetes per sobre i deixeu-les reposar.

gingebres

Fa 24

300 g/10 oz/1¼ tasses de mantega o margarina, suavitzades

225 g/8 oz/1 tassa de sucre moreno suau

75 g/3 oz/¼ tassa de melassa negra (melassa)

1 ou

250 g / 9 oz / 2¼ tasses de farina normal (tot ús)

10 ml/2 culleradetes de bicarbonat (bicarbonat de sodi)

2,5 ml/½ culleradeta de sal

5 ml/1 culleradeta de gingebre en pols

5 ml/1 culleradeta de clau mòlta

5 ml/1 culleradeta de canyella mòlta

50 g/2 oz/¼ tassa de sucre granulat

Bateu la mantega o la margarina, el sucre moreno, el xarop de melassa i l'ou fins que quedi esponjós. Barregeu la farina, el bicarbonat de sodi, la sal i les espècies. Incorporeu-ho a la barreja de mantega i amasseu-lo en una massa ferma. Tapa i deixa refredar 1 hora.

Doneu la massa a boles petites i enrotlleu-les amb el sucre granulat. Col·loqueu-los ben separats en una safata de forn untada i ruixeu-los amb una mica d'aigua. Coure al forn preescalfat a 190 °C/375 °F/gas 5 durant 12 minuts fins que estigui daurat i cruixent.

Galetes de gingebre

Fa 24

100 g/4 oz/½ tassa de mantega o margarina

225 g / 8 oz / 2 tasses de farina autolevant

5 ml/1 culleradeta de bicarbonat (bicarbonat de sodi)

5 ml/1 culleradeta de gingebre en pols

100 g/4 oz/½ tassa de sucre (superfí).

45 ml/3 cullerades de xarop daurat (blat de moro clar), escalfat

Frega la mantega o la margarina amb la farina, el bicarbonat de sodi i el gingebre. Incorporeu-hi el sucre, barregeu-hi l'almívar i amasseu-lo en una massa ferma. Feu boles de la mida d'una nou, col·loqueu-les ben separades sobre una safata de forn (galetes) untada i premeu lleugerament amb una forquilla per aplanar-les. Coure les galetes (galetes) al forn preescalfat a 190 °C/375 °F/gas marca 5 durant 10 minuts.

Homes de pa de pessic

Fa uns 16

350 g/12 oz/3 tasses de farina autolevant

Un polsim de sal

10 ml/2 culleradetes de gingebre en pols

100 g / 4 oz / 1/3 tassa de xarop daurat (blat de moro clar).

75 g/3 oz/1/3 tassa de mantega o margarina

25 g/1 oz/2 cullerades (superfi) de sucre llustre

1 ou, lleugerament batut

Unes quantes groselles (opcional)

Barrejar la farina, la sal i el gingebre. Desfeu l'almívar, la mantega o la margarina i el sucre en una cassola. Deixeu refredar una mica, després bateu l'ou amb els ingredients secs i barregeu-ho fins a obtenir una massa ferma. Estirar sobre una superfície lleugerament enfarinada fins a un gruix de 5 mm i tallar amb formes. El nombre que podeu fer dependrà de la mida dels vostres talladors. Col·loqueu en una safata de galetes (galetes) lleugerament untada i premeu suaument les groselles a les galetes (galetes) per als ulls i els botons, si voleu. Coure al forn preescalfat a 180 °C/350 °F/gas marca 4 durant 15 minuts fins que estigui daurat i ferm al tacte.

Galetes integrals de pa de pessic

Fa 24

200 g/7 oz/1¾ tasses de farina integral (integral).

10 ml/2 culleradetes de llevat en pols

10 ml/2 culleradetes de gingebre en pols

100 g/4 oz/½ tassa de mantega o margarina

50 g/2 oz/¼ tassa de sucre morena suau

60 ml/4 cullerades de mel clara

Barregeu la farina, el llevat i el gingebre. Desfeu la mantega o la margarina amb el sucre i la mel, afegiu-hi els ingredients secs i barregeu-ho fins a obtenir una massa ferma. Estirar sobre una superfície enfarinada i tallar cercles amb un talla-galetes. Col·locar en una safata de forn untada (galetes) i coure al forn preescalfat a 190 °C/375 °F/gas marca 5 durant 12 minuts fins que estigui daurat i cruixent.

Pastissos de gingebre i arròs

Fa 12

225 g/8 oz/2 tasses de farina normal (tot ús)

2,5 ml/½ culleradeta de maça mòlta

10 ml/2 culleradetes de gingebre en pols

75 g/3 oz/1/3 tassa de mantega o margarina

175 g/6 oz/¾ tassa de sucre llustre (superfí).

1 ou, batut

5 ml/1 culleradeta de suc de llimona

30 ml/2 cullerades d'arròs mòlt

Barregeu la farina i les espècies, fregueu-hi la mantega o la margarina fins que la barreja sembli pa ratllat i, a continuació, afegiu-hi el sucre. Barregeu l'ou i el suc de llimona en una massa ferma i pasteu-la suaument en una massa suau. Espolseu una superfície de treball amb l'arròs mòlt i estireu la massa fins a un gruix d'1 cm. Talleu en 5 cm/2 rodones amb un talla-galetes. Col·locar en una safata de forn untada (galetes) i coure al forn preescalfat a 180 °C/350 °F/gas marca 4 durant 20 minuts fins que estigui ferm al tacte.

Galetes daurades

Fa 36

75 g/3 oz/1/3 tassa de mantega o margarina, suavitzada

200 g/7 oz/escaneig 1 tassa (superfi) de sucre llustre

2 ous, lleugerament batuts

225 g/8 oz/2 tasses de farina normal (tot ús)

10 ml/2 culleradetes de llevat en pols

5 ml/1 culleradeta de nou moscada ratllada

Un polsim de sal

Ou o llet per esmaltar

Sucre llustre (superfi) per espolvorear

Bateu la mantega o la margarina i el sucre fins que quedi cremós. Incorporeu-hi els ous a poc a poc i, a continuació, afegiu-hi la farina, el llevat, la nou moscada i la sal i barregeu-ho per formar una massa suau. Tapa i deixa reposar 30 minuts.

Estireu la massa sobre una superfície lleugerament enfarinada fins a uns 5 mm de gruix i talleu cercles amb un talla galetes. Posar en una safata de forn untada, pinzellar amb ou batut o llet i espolvorear amb sucre. Coure al forn preescalfat a 200 °C/400 °F/gas marca 6 durant 8-10 minuts fins que estigui daurat.

Galetes d'avellana

Fa 24

100 g/4 oz/½ tassa de mantega o margarina, suavitzada

50 g/2 oz/¼ tassa de sucre llustre (superfí).

100 g / 4 oz / 1 tassa de farina normal (tot ús)

25 g/1 oz/¼ tassa d'avellanes mòltes

Bateu la mantega o la margarina i el sucre fins que quedi lleugera i esponjosa. Anem incorporant la farina i els fruits secs a poc a poc fins que quedi una massa ferma. Feu boles petites i poseu-les ben separades sobre una safata de forn untada (galetes). Coure les galetes (galetes) al forn preescalfat a 180 °C/350 °F/gas marca 4 durant 20 minuts.

Galetes cruixents d'avellana

Fa 40

100 g/4 oz/½ tassa de mantega o margarina, suavitzada

100 g/4 oz/½ tassa de sucre (superfí).

1 ou, batut

5 ml/1 culleradeta d'essència de vainilla (extracte)

175 g/6 oz/1½ tasses de farina (tot ús)

50 g/2 oz/½ tassa d'avellanes mòltes

50 g/2 oz/½ tassa d'avellanes, picades

Bateu la mantega o la margarina i el sucre fins que quedi lleugera i esponjosa. Batre a poc a poc l'ou i l'essència de vainilla, després incorporar-hi la farina, les avellanes i les avellanes mòltes i amassar fins a formar una massa. Feu una bola, emboliqueu amb paper film (embolcall de plàstic) i deixeu-ho refredar durant 1 hora.

Estireu la massa fins a un gruix de 5 mm i retalleu cercles amb un talla galetes. Col·locar en una safata de forn untada (galetes) i coure al forn preescalfat a 200 °C/400 °F/gas marca 6 durant 10 minuts fins que estigui daurat.

Galetes d'avellana i ametlla

Fa 24

100 g/4 oz/½ tassa de mantega o margarina, suavitzada

75 g/3 oz/½ tassa de sucre en pols (confiteria), tamisat

50 g/2 oz/1/3 tassa d'avellanes mòltes

50 g / 2 oz / 1/3 tassa d'ametlla mòlta

100 g / 4 oz / 1 tassa de farina normal (tot ús)

5 ml/1 culleradeta d'essència d'ametlla (extracte)

Un polsim de sal

Bateu la mantega o la margarina i el sucre fins que quedi lleugera i esponjosa. Barregeu els altres ingredients en una massa ferma. Feu una bola, cobreixi amb paper film (embolcall de plàstic) i deixeu refredar durant 30 minuts.

Estireu la massa fins a un gruix d'aproximadament 1 cm i retalleu cercles amb un talla galetes. Col·locar en una safata de forn untada (galetes) i coure al forn preescalfat a 180 °C/350 °F/gas marca 4 durant 15 minuts fins que estigui daurat.

galetes de mel

Fa 24

75 g/3 oz/1/3 tassa de mantega o margarina

100 g / 4 oz / 1/3 tassa de mel

225 g / 8 oz / 2 tasses de farina de blat integral (integral).

5 ml/1 culleradeta de llevat en pols

Un polsim de sal

50 g/2 oz/¼ tassa de sucre muscovado

5 ml/1 culleradeta de canyella mòlta

1 ou, lleugerament batut

Foneu la mantega o la margarina i la mel fins que quedi barrejat. Incorporeu-hi els ingredients restants. Col·loqueu cullerades de la barreja ben espaiades en una safata de forn untada i coure al forn preescalfat a 180 °C/350 °F/gas marca 4 durant 15 minuts fins que estiguin daurades. Deixeu refredar durant 5 minuts abans de transferir-lo a una reixeta perquè es refredi.

Ratafias de mel

Fa 24

2 clares d'ou

100 g / 4 oz / 1 tassa d'ametlles mòltes

Unes gotes d'essència d'ametlla (extracte)

100 g / 4 oz / 1/3 tassa de mel clara

Paper d'arròs

Bateu les clares a punt. Incorporeu amb cura les ametlles, l'essència d'ametlla i la mel. Col·loqueu cullerades de la mescla ben espaiades sobre làmines de forn (galetes) folrades amb paper d'arròs i poseu-les al forn preescalfat a 180 °C/350 °F/gas marca 4 durant 15 minuts fins que estiguin daurades. Deixeu refredar una mica i després esquinça el paper per treure'l.

Galetes de mel i mantega

Fa 12

50 g/2 oz/¼ tassa de mantega o margarina

225 g / 8 oz / 2 tasses de farina autolevant

175 ml/6 fl oz/¾ tassa de llet de mantega

45 ml/3 cullerades de mel clara

Frega la mantega o la margarina a la farina fins que la barreja sembli pa ratllat. Incorporeu-hi la mantega i la mel i barregeu-ho fins a obtenir una massa ferma. Col·loqueu-ho sobre una superfície lleugerament enfarinada i amasseu fins que quedi suau, després esteneu-lo a un gruix de 2 cm i talleu-lo en una rodona de 5 cm amb un talla-galetes. Col·locar en una safata de forn untada (galetes) i coure al forn preescalfat a 230 °C/450 °F/gas marca 8 durant 10 minuts fins que estigui daurat.

Galetes de mantega de llimona

Fa 20

100 g / 4 oz / 1 tassa d'arròs mòlt

100 g / 4 oz / 1 tassa de farina normal (tot ús)

75 g/3 oz/1/3 tassa de sucre (superfí).

Un polsim de sal

2,5 ml/½ culleradeta de llevat en pols

100 g/4 oz/½ tassa de mantega o margarina

Ralladura d'1 llimona ratllada

1 ou, batut

Barregeu l'arròs mòlt, la farina, el sucre, la sal i el llevat. Fregueu la mantega fins que la barreja sembli pa ratllat. Incorporeu-hi la ratlladura de llimona i barregeu-ho amb prou d'ou per formar una massa ferma. Pastar suaument, estirar sobre una superfície de treball enfarinada i tallar-la amb un talla galetes. Posar en una safata de forn untada (galetes) i coure al forn preescalfat a 180 °C/350 °F/gas marca 4 durant 30 minuts, deixar refredar una mica a la safata i després passar a una reixeta perquè es refredi completament.

galetes de llimona

Fa 24

100 g/4 oz/½ tassa de mantega o margarina

100 g/4 oz/½ tassa de sucre (superfi).

1 ou, lleugerament batut

225 g/8 oz/2 tasses de farina normal (tot ús)

5 ml/1 culleradeta de llevat en pols

Ralladura de ½ llimona ratllada

5 ml/1 culleradeta de suc de llimona

30 ml/2 cullerades de sucre demerara

Fondre la mantega o la margarina i el sucre llustre a foc lent, sense parar de remenar, fins que la barreja comenci a espessir. Retirar del foc i remenar l'ou, la farina, el llevat, la ratlladura de llimona i el suc i barrejar fins a formar una massa. Tapa i deixa refredar durant 30 minuts.

Doneu forma a la massa en boles petites i poseu-les en una safata de forn untada (galetes) i aplaneu-les amb una forquilla. Espolvorear amb el sucre demerara. Coure al forn preescalfat a 180 °C/350 °F/gas marca 4 durant 15 minuts.

Moments de fusió

Fa 16

100 g/4 oz/½ tassa de mantega o margarina, suavitzada

75 g/3 oz/1/3 tassa de sucre (superfí).

1 ou, batut

150 g/5 oz/1¼ tasses de farina normal (tot ús)

10 ml/2 culleradetes de llevat en pols

Un polsim de sal

8 cireres glaçades (confitades), tallades a la meitat

Bateu la mantega o la margarina i el sucre fins que quedi lleugera i esponjosa. Batre l'ou a poc a poc, després incorporar la farina, el llevat i la sal. Amassar suaument en una massa llisa. Formeu la massa en 16 boles de la mateixa mida i col·loqueu-les ben separades sobre una safata de forn untada (galetes). Aplaneu-los una mica i després poseu-hi mitja cirera per sobre. Coure al forn preescalfat a 180 °C/350 °F/gas marca 4 durant 15 minuts. Deixeu refredar a la safata durant 5 minuts, després passeu a una reixeta perquè es refredi.

Galetes de muesli

Fa 24

100 g/4 oz/½ tassa de mantega o margarina

100 g / 4 oz / 1/3 tassa de mel clara

75 g/3 oz/1/3 tassa de sucre morena suau

100 g / 4 oz / 1 tassa de farina integral (integral).

100 g/4 oz/1 tassa de civada enrotllada

50 g/2 oz/1/3 tassa de panses

50 g/2 oz/1/3 tassa de sultanes (panses daurades)

50 g/2 oz/1/3 tassa de dàtils sense pinyol, picats

50 g/2 oz/1/3 tassa d'albercocs secs llestos per menjar, picats

25 g/1 oz/¼ tassa de nous, picades

25 g/1 oz/¼ tassa d'avellanes, picades

Desfeu la mantega o la margarina amb la mel i el sucre. Incorporeu-hi la resta d'ingredients i barregeu-ho fins a obtenir una massa ferma. Col·loqueu culleradetes en una safata de forn untada (galetes) i premeu. Coure les galetes (galetes) al forn preescalfat a 180 °C/350 °F/gas marca 4 durant 20 minuts fins que estiguin daurades.

www.ingramcontent.com/pod-product-compliance
Lightning Source LLC
Chambersburg PA
CBHW071238080526
44587CB00013BA/1667